蚌埠文博

第一辑

BENGBU CULTURAL RELICS

蚌埠市博物馆 编

文物出版社

图书在版编目（CIP）数据

蚌埠文博. 第一辑 / 蚌埠市博物馆编. -- 北京 :
文物出版社, 2016.12
ISBN 978-7-5010-4888-5

Ⅰ. ①蚌… Ⅱ. ①蚌… Ⅲ. ①文物工作－蚌埠－文集
②博物馆－工作－蚌埠－文集 Ⅳ. ①G269.275.43-53

中国版本图书馆CIP数据核字(2016)第315861号

蚌埠文博（第一辑）

编　　者：蚌埠市博物馆

责任编辑：智　朴
责任印制：张　丽

出版发行：文物出版社
社　　址：北京市东直门内北小街2号楼
网　　址：http：//www.wenwu.com
邮　　箱：web@wenwu.com
经　　销：新华书店
制版印刷：北京图文天地制版印刷有限公司
开　　本：889×1194　1/16
印　　张：11
版　　次：2016年12月第1版
印　　次：2016年12月第1次印刷
书　　号：ISBN 978-7-5010-4888-5
定　　价：180.00元

《蚌埠文博》编辑委员会

蚌埠文博

目录

第一辑

开馆致辞

蚌埠市博物馆新馆

发刊辞

馆长致辞

淮河古代文明

开馆致辞

开馆致辞

安徽省政协副主席 李修松

尊敬的王巍所长、周春雨书记、白金明市长，各位领导、各位嘉宾同志们：

蚌埠市博物馆新馆今天正式开馆，这是蚌埠现代公共文化服务体系建设的一件大喜事，也是安徽文博事业发展和文化遗产保护所取得的一项重大成果。首先，我代表省政协，代表省文化文物系统，对蚌埠市博物馆新馆的开馆和中国社会科学院淮河古代文明研究中心、中国社会科学院蚌埠院士工作站在蚌埠市博物馆正式挂牌表示热烈的祝贺。并借此机会向所有关心支持及参与安徽文博事业发展的各位领导、同志和各界人士表示衷心的感谢。

近年来，安徽省委省政府高度重视文化文物工作，将文化文物事业纳入全省经济社会发展目标考核体系，有力地推动了全省文化文物事业的发展。蚌埠市委市政府加大支持力度，公共文化服务设施网络在全省率先实现“城市一刻钟，农村半小时”供需无缝对接。双墩遗址、禹墟考古发现取得了重要成果。文化产业发展尤其快速，大禹文化产业园成功晋升国家级文化产业示范园区，填补了全省的历史空白。蚌埠市博物馆新馆是蚌埠推动文博事业大发展大繁荣进程中的标志性建筑，馆舍建设规模居全省地市级博物馆的首位。馆藏文物丰富多彩，陈列展览富有创意，是与皖北中心城市相匹配，与

安徽省政协副主席李修松讲话

优秀深厚的历史文化相符合，与人民群众日益增长的精神文化需求相适应，与全面建成小康社会和重返全省第一方阵相一致的，全省领先、全国一流的地市级博物馆，必将成为蚌埠一张亮丽的文化名片。我深信有安徽省委省政府的高度重视，有蚌埠市委市政府的坚强领导和大力支持，有社会各界的广泛关注和积极参与，蚌埠文博事业一定会按照更新的目标开启更加广阔的征程，描绘出更加灿烂绚丽的文化画卷。最后，祝蚌埠市博物馆新馆开馆圆满成功，祝蚌埠文化文物事业欣欣向荣，蒸蒸日上。谢谢大家。

开馆致辞

中国考古学会理事长、中国社会科学院考古研究所所长 王 巍

尊敬的李修松副主席，尊敬的周春雨书记、白金明市长、各位领导，各位同行、各位蚌埠市市民朋友们：

上午好。今天是蚌埠市博物馆新馆隆重开馆的喜庆日子，我非常高兴能够受邀参加这个开幕仪式。我觉得这不仅仅是安徽文博工作的喜事。也是全国文博工作同行的喜事，在这里请允许我代表中国考古协会，代表中国社会科学院考古研究所向蚌埠博物馆新馆隆重开馆表示热烈的祝贺。同时，与大家共同见证中国社会科学院淮河古代文明研究中心、中国社会科学院蚌埠院士工作站在蚌埠市新馆正式挂牌成立。

中国社会科学院考古所所长王巍讲话

近年来，蚌埠经济文化发展取得了巨大的成就，文化事业和文化产业繁荣发展，成效显著。在蚌埠工作的我们的同事都能够深切地感受到蚌埠发生的可喜的变化，蚌埠市新馆建立就是这一变化的重要体现。它的建筑风格高雅精致，藏品保存环境优良，陈列展示富有思想性和观赏性。我认为在全国的地市级博物馆来说，蚌埠市博物馆新馆不论从规模、展出的理念和展出遗物的丰富程度都应该是名列前茅的，可以成为全国地市级博物馆的一个标杆。

蚌埠历史悠久，文化遗存丰富，在中国古代文明的发展中具有十分重要的地位。双墩出土的7000多年前的文字符号，应该说是中华文字起源的一个重要线索，引起国内外的广泛关注。我们在双墩遗址第二次发掘中也出土了大量精美的文物，预示着双墩新石器时代考古又将揭开新的一页。同时我们经过多年的研究发现，淮河区域的史前文化和古代文化在中华文化当中具有十分重要的地位，它不仅仅是黄河流域和长江流域两大文明发达地区的一个中间环节，其实它本身也具有十分突出的特点。包括我们研究所前几年在禹会村的发掘，发现禹会诸侯进行会盟的遗址，这在全国范围内是极为罕见的，

所以我们觉得蚌埠历史文化悠久，考古工作大有可为。正因为如此，我们在蚌埠建立了中国社会科学院淮河古代文明研究中心和中国社会科学院蚌埠院士工作站，在这里我们要深切的感谢蚌埠市委市政府对我们建立这个中心和工作站的支持。我们将以此为契机，今后长期持续地开展蚌埠乃至安徽地区的考古调查、发掘和研究。我相信以新馆的建立和研究中心、工作站的建立为契机，蚌埠的历史文化，尤其是考古研究将会揭开崭新的一页。借此，我要代表中国社会科学院考古研究所向安徽省文化厅、安徽省文物局、蚌埠市委市政府表示衷心的感谢，我们将努力把中国社会科学院淮河古代文明研究中心、中国社会科学院蚌埠院士工作站作为中国社会科学院淮河古代文明研究的一个基地，进一步推动安徽蚌埠地区历史文化资源的发展和利用，为开展淮河流域古代文明研究创造广泛的空间，为淮河流域和中国历史文化的研究做出新的贡献。最后，祝各位领导，各位同行身体健康、工作顺利、阖家幸福；也衷心的祝愿蚌埠经济文化发展不断取得新的成绩；祝愿蚌埠更加美丽，人民生活更加幸福，谢谢大家。

蚌埠市博物馆新馆开馆仪式

开馆致辞

北京市文物局副局长 于 平

尊敬的安徽省委领导、省政府的领导，尊敬的蚌埠市委市政府的领导，尊敬的各位专家，尊敬的各位出席今天蚌埠市博物馆新馆开业的所有嘉宾：

上午好。今天，蚌埠市博物馆新馆正式开放，迎接广大市民观众进入博物馆来参观蚌埠市乃至安徽省各个历史时期深厚的文化资源。我们非常高兴能够出席今天的活动，也非常感谢蚌埠市政府的盛情邀请，请允许我代表北京市文物局对蚌埠市博物馆开馆表示热烈的祝贺和良好的祝愿。文物是祖国先进文化的历史见证，同时也是凝固的古代文明，博物馆是保存民族历史和记忆的场所，它承载着中华文明丰富而博大精深的文化魅力。蚌埠市博物馆文物藏品十分丰富，既有数十万年前的古生物化石，7000多年前的新石器时代的遗存，还有进入历史文明各个时期的古代文明遗物，是反映蚌埠市历史沿革的珍贵的实物例证，有着重要的科学、艺术、文化价值。蚌埠市博物馆在涂山大禹文化、淮河流域古代文明以及明代文化研究等方面都取得了较高的学术研究成果，在省内外都有着非常广泛的影响力。我相信蚌埠市博物馆的开馆一定能够进一步发挥研究和传承地域历史文化的作用，更好地为广大市民提供更丰富的、更高质量的展览和文化体验活动，在提升蚌埠的文化软实力和城市竞争力上更加发挥积极而突出的作用。

北京市文物局副局长于平讲话

今天，北京市文物局所属的北京艺术博物馆也为蚌埠市博物馆新馆送来了“含英咀华——清代宫廷文物艺术精品展”。我们精选了首都艺术博物馆清代艺术珍品111件（套），这些文物中既有清代各个时期代表性的官窑瓷器，深宫内廷中曾经使用的绣品、配饰和文玩用具等，也有与清朝历代皇帝直接关联的重要的历史见证，比如顺治帝为将领及家属颁发的赏封诰命；有康熙、道光、嘉庆乃至末代皇帝宣统的墨宝；有咸丰、光绪以及慈禧太后留下的书画精品；也有皇帝在重要场合上穿的吉服袍，昔日皇宫后妃的扇面作品等等。此次清代宫廷文物精品展试图通过这些精美的文物，来展示清代宫廷的生活侧影，注重阐释中华传统文化的传承，带领观众深入了解清宫生活、社会制度、审美倾向以及我国古代高超的工艺品制作的水平。

值此蚌埠市博物馆新馆开业及北京艺术博物馆清代宫廷文物艺术精品展开幕之时，我们将它作为开启两地深入交流合作的新起点，我们更期待安徽省文化厅、文物局也组织更多的展览来北京进行交流，让首都的市民也能感受淮河流域的历史文化。最后，我由衷的再次感谢蚌埠市政府的热情邀请，也预祝蚌埠市博物馆新馆朝着精品化、特色化的目标越办越好。感谢所有嘉宾出席今天的活动，谢谢大家。

开馆致辞

蚌埠市市长 白金明

尊敬的李修松副主席、王巍所长、肖幼主任、于平副局长，尊敬的各位领导、各位来宾：

大家上午好。今天我们在这里隆重举行蚌埠市博物馆新馆开馆及中国社会科学院淮河古代文明研究中心、中国社会科学院蚌埠院士工作站揭牌仪式，我们向各位领导、专家的到来表示热烈的欢迎。蚌埠是中华文明重要发源地之一，7300年前，双墩先民在这里驻足定居、繁衍生息，刻下了创造淮河文明的印记；4000年前，大禹在这里劈山导淮、大会诸侯，开辟了华夏兴盛的纪元；2200年前，楚汉争霸、决战垓下奠定了大汉基业，留下了荡气回肠的英雄故事。在深厚的历史积淀中，这里形成了大禹等具有蚌埠印记、蚌埠符号、蚌埠特质的优秀文化，彰显出独具特色的文化魅力。文化是一个城市最根本、最持久、最难替代的核心竞争力，伴随着重振雄风、再创辉煌，重返第一方阵的跨越步伐，蚌埠市委市政府大力弘扬先进文化，倡导文化的引领，把博物馆作为集中展示城市历史文化的重要平台、文化坐标，把新馆的建设作为提升城市品质，延续文化根脉的重点工程，坚持高标准规划、高标准设计、高标准建设。蚌埠新馆从开工至今，经历了整整4年的时光。今天展现在大家面前的博物馆新馆，建筑面积34000平方米，拥有各类展厅10个，

蚌埠市市长白金明讲话

是一座集博物展览、文化保护、学术研究、社会教育等功能于一体，集中展示淮河流域历史文化和风土人情的综合博物馆。借此机会我们向为博物馆新馆建设与展陈贡献智慧、洒下汗水的同志们，向所有关心和支持蚌埠文博事业发展的各级领导、各界朋友和广大市民表示诚挚的谢意。今天，同样可喜可贺的是中国社会科学院淮河古代文明研究中心、中国社会科学院蚌埠院士工作站将在这里挂牌成立，这将推进我市进一步提升文化素养、彰显文化特色。我们将以此次开馆为契机，进一步强化对文化价值

的深刻认同和文化建设的责任担当。以坚定的文化自信、深刻的文化自醒、高度的文化自觉，用蚌埠优秀文化历史根脉滋养城市精神，加快建设独具魅力的特色文化名城。我们也衷心希望各位领导、各位专家能够继续关心和支持蚌埠文化事业、文化产业的发展。祝各位领导、各位专家，祝来参加新馆奠基开幕仪式的各界的朋友身体健康、工作愉快。谢谢大家。

中国社会科学院淮河古代文明研究中心、中国社会科学院蚌埠院士工作站揭牌仪式

蚌埠市博物馆新馆

经过 4 年建设，馆舍规模居全安徽省地市级博物馆首位的蚌埠市博物馆新馆，于 2015 年 12 月 26 日正式开馆。安徽省政协副主席李修松、中国社会科学院考古研究所所长王巍、水利部淮河水利委员会主任肖幼、北京市文物局副局长于平、蚌埠市委书记周春雨、蚌埠市市长白金明共同为新馆开馆和当天成立的中国社会科学院淮河古代文明研究中心、中国社会科学院蚌埠院士工作站揭牌。蚌埠市博物馆新馆建筑面积近 34000 平方米，拥有各类展厅 10 个，是一座集博物展览、文物保护、学术研究、社会教育等功能于一体，集中展示淮河流域历史文化和风土人情的综合性博物馆。馆内设有“蚌埠历史文化陈列”“淮河历史文化陈列”“馆藏书画作品展”“馆藏精品铜镜展”“蚌埠市非物质文化遗产陈列”“考古体验厅”等六大主题展览。镇馆之宝元青花、陶塑纹面人头像等馆藏精品也首次公开亮相。此外，展陈设计将幻影成像与声光电的巧妙配合，辅以 4D 电影，以及古色古香的布展形式，展现了蚌埠地区乃至整个淮河流域的自然、地质与历史人文景观。

蚌埠市博物馆外景

孕沙成珠——蚌埠历史文化陈列序厅

双墩遗址展厅

双墩遗址展厅

禹会村遗址展厅

钟离君柏墓复原

钟离君柏墓展厅

垓下之战展厅

汉代展厅

汉代陶井

汤和墓展厅

津浦铁路复原

蚌埠近现代史展厅

盐粮立市展厅

新船塘复原

二马路商业街复原

二马路商业街复原

渡江战役总前委孙家圩子旧址会议室复原

蚌埠当代工业展厅

“蚌埠人家”展厅

颍州西湖复原

淮河木帆船

明中都城展厅

淮河下游－洪泽湖展厅

馆藏书画展厅

馆藏书画展厅

馆藏精品铜镜展厅

馆藏精品铜镜展厅

蚌埠非物质文化遗产展厅

蚌埠非物质文化遗产展厅

蚌埠非物质文化遗产展厅

考古体验厅

4D 影院

中庭空中走廊

发刊辞

传承历史文化　创办精品馆刊

许久以来，蚌埠文博人一直怀有两个心愿：建造一座博物馆，打开一扇窗，向世界展示我们的历史与文化；创办一本馆刊，搭建一座平台，让文化研究者在这里激扬文字、百家争鸣。欣喜的是，随着蚌埠市博物馆新馆的正式开放，越来越多的市民开始由文博知识的单纯学习者转变为家乡文化的自觉传播者。今天，蚌埠市博物馆馆刊《蚌埠文博》的创刊，犹如实现一个向往已久的承诺，为蚌埠文化乃至淮河文明的研究者们提供一个学术阵地，为家乡文化的爱好者们构建一个思想的栖息家园。

“夫源远者流长，根深者植茂”。蚌埠地区的历史文化遗存，既见证着这座城市的变迁，又蕴藏着当代城市文化与城市精神的信息与基因，构成了这片土地生生不息的根和魂。曾几何时，随着社会经济的快速发展，时人在追求利润的同时，却忽视了文化遗产的保护，令人痛心。近些年来，由于国家支持力度的增长，使有志投身于文博事业的年轻人越来越多，更重要的是，人们对文化遗产保护的观念也逐渐由法律规范走向行为自觉，有了与时俱进的变化。

2015 年，国家修正了《中华人民共和国文物保护法》；2016 年上半年，习总书记在全国文物工作会议上做出重要指示，指出文物保护“功在当代，利在千秋”。这一切既是给文博工作设定了规范，更是给我们每一位文博工作者提供了开展工作的保障与指南。我们这些曾经在艰苦环境中孜孜不倦的文博人，面对今天的新形势，更应当勇于尝试、敢于创新，处理好工作中传统与创新、建设与保护、继承与发扬的关系，真正做到传承不泥古、创新不离宗，一切方能历久弥新，蚌埠文化这张金名片才能越擦越亮，才能不辜负国家和人民的信任。

“但立高标，方能致远”。坐拥如此丰富的历史文化遗产，我们每一个研究者都有责任、有义务，也有能力去把她传承好、发扬好。也许今天刚刚诞生的《蚌埠文博》，影响力还有待扩大，然而，“十围之木，始生于蘖”，只要我们每一位参与者秉承着“绵绵用力、久久为功”的定力和笃行，一切定如我们自己的城市发展史一般，孕沙成珠，化茧为蝶。

蚌埠市文化广电新闻出版局（旅游局）局长 袁政

2016 年 12 月

馆长致辞

孕沙成珠

蚌埠历史文化概观

蚌埠地处淮河中游，千里淮水穿城而过。1911年津浦铁路通车，位于其与淮河相交处的蚌埠，迎来了历史发展的重要契机，迅速成为东部地区重要的交通枢纽与工业重镇，被称为“火车拉来的城市”。然而，蚌埠古代文化的悠久与灿烂，亦是这个城市独一无二的名片。

一 文物资源概况

蚌埠拥有丰富而精彩的文物资源。根据2007~2011年展开的第三次全国文物普查显示，蚌埠市共有不可移动文物827处，其中市区共有文物点169处。蚌埠市全国重点文物保护单位7处，分别为：蚌埠市区的双墩春秋墓、双墩遗址、禹会村遗址与汤和墓；怀远县的教会建筑旧址；固镇县的垓下遗址；五河县的化明塘严氏墓。

对于可移动文物而言，无论数量还是质量，在全省都是名列前茅。蚌埠市博物馆现有馆藏文物万余件，其中国家一级文物81件，二级文物98件，三级文物1289件，其中一级品数量位居全省地市级博物馆首位。

二 古代蚌埠：灿烂而悠久

1. 史前时期

新中国成立以来，蚌埠地区相继出土了大量的古生物化石，为研究本地区的古地理气候和生态环境提供了依据。1998年五河县西尤旧石器时代遗址（距今约3万年）出土了一具至今为止全国最为完整的古菱齿象骨架化石。尤为重要的是，遗址出土了8件古人类使用过的旧石器，有石片、石核和刮削器，填补了淮北平原旧石器考古的空白，说明最迟在三万年前就有人类在这里生活和繁衍。

蚌埠地区新石器时代遗址数量众多且分布广泛，双墩遗址的刻划符号、怀远龙王庙遗址和五河台子山遗址精美的玉器等都具有浓郁的地域特色。

开史之时，夏禹之际，蚌埠土著属“淮夷氏族”。据历史文献记载与考古发掘证明，传说中的大禹治水、涂山之会均发生在蚌埠地区。至今在荆山峡口两岸，依旧流传着许多美丽动人的传说，保留着闻名遐迩的名胜古迹。

距今约7300年的双墩新石器时代遗址，出土了一批具有独特文化内涵的陶器、蚌器、骨器、石器文化遗物，其中陶塑纹面人头像造型生动，国内罕见，被确定为国家一级文物。600余件已初步具有象形、会意、指事等文字功能的陶器刻划符号，内容几乎涵盖了双墩人生产、生活、精神方面的全部内容，构成了双墩文化极其重要的内涵，其对于研究中国文字起源，更是有着不可估量的重要价值。“双墩文化”的命名可谓实至名归。

距今约5000前的垓下大汶口文化城址，是淮河流域首次发现的大汶口文化时期的城址，也是我国目前发现较早的史前城址，为中华文明探源工程的标志性城址，被誉为“安徽史前第一城”。

距今约4100年的禹会村遗址，又名“禹墟”，是一处以祭祀为主的大型礼仪性建筑基址，也是淮河流域目前发现最大的一处龙山文化遗址。其遗址的发掘恰与史书中“禹合诸侯于涂山，执玉帛者万国”的记载相契合，为考证禹会诸侯的历史传说提供了考古依据，印证着蚌埠地区为华夏文明的孕育地之一。

2. 先秦时期

商周时期的蚌埠，东属钟离国，西归涂山国，均为淮夷控制地区，与商周王朝长期争战，“或服或畔（叛）”，直至西周末期，才彻底归服周王朝之统治。

春秋战国时期，诸侯争霸，战事频仍，蚌埠先后隶属鲁、吴、越、楚诸国，因大部分时间处于吴、楚之间，故有“楚头吴尾”之说。随着楚国势力东扩和楚文化东渐，本地区于春秋后期归属楚地，夷族的土著文化从此被先进系统的楚国文化所同化与取代，自此“中国真正进入炎黄同尊、龙凤呈祥的时代”。在考古发掘方面，本地发现的墓葬也多是春秋战国以后的，仅市西郊就发现古墓葬一千多座，从春秋战国到六朝时期的墓葬相互叠压，曾出土了数百件珍贵文物。同时还发现多处战国至汉代的古井群以及冶铁遗址。

距今约2600年的钟离君柏墓，则是此时期考古发现的重要代表，共出土了400余件精美随葬器物，其独特的墓葬结构与遗迹现象引起了国内外学者的广泛关注。此外，由于史料记载的缺失，春秋时期的钟离国始终湮没于历史之中，不得窥其真面目。该墓葬的发掘与研究，为研究钟离国的历史、钟离王室世系、淮夷文化和地域文化提供了珍贵材料，起到了补史证史的重要作用。

3. 秦汉至宋元时期

秦汉以来，蚌埠地区因地处南北分界线的淮河两岸，延续着兵家必争之地的命运，兵戈常驻，战争常起，如：刘邦、项羽“垓下之战”；曹操屯兵曹老集，六战孙权；苻坚、桓温大战于今怀远境内的洛涧；五代时期后周、南唐轮流占领涡河口；宋金、宋元长期争夺淮水一线。战事之多，不胜枚举，蚌埠地区屡遭兵燹而得以复兴，水旱灾害频仍而不断发展，蚌埠的古代人民一直生活在远离各行政文化中心的边缘地带。他们据水陆交通之扼喉，采南北文化之精髓，用勤劳和智慧，创造着蚌埠的古代文明。

距今约2200年的垓下古战场遗址，出土的大量箭镞与战马尸骸等，记录着楚汉相争决战时刻的血雨腥风。而龙亢桓氏家族的百年崛起与荣耀，“三代御先生”的佳话传扬，则是对于那个大一统时代的完美注脚。

距今约1400年，沉浸于唐宋盛世的蚌埠，孕育了唐代六大瓷窑之一的寿州窑。寿州窑以中原文化为主，兼含南北方文化，以“寿州瓷黄”为世人所知，独具地方特色。时至今日，寿州窑瓷器中的精品在蚌埠地区屡有发现。

4. 明清时期

明代蚌埠属凤阳府管辖，因为紧邻凤阳中都城，境内至今还留有汤和墓、十王四妃墓、凤阳外郭城西门遗址等众多的明代历史遗迹。然而，随着中都城建设的半途而废，蚌埠脱离“三交界”成为京畿之地的梦想宣告破灭。

明朝末年，各地农民起义风起云涌，蚌埠地区再次陷入战争的旋涡之中。1553年河南师尚诏率部火烧固镇，攻克五河。闯王李自成火烧凤阳、三陷怀远城。农民起义加之南明福王政权与清军的争战，给本地的经济、文化造成了严重的破坏。

由明入清，乾隆十九年（1754年）凤阳县置蚌埠镇。同治二年（1863年）凤阳府划凤阳、怀远、灵璧三县各一部分，置三县司，直属凤阳府。三县司的设置成为蚌埠有史以来最早的行政机构，蚌埠的历史也自此步入新的历史阶段。

三 近代蚌埠：苦难而辉煌

19世纪末期开始，曾经传统的蚌埠，正如当时中华民族的一个缩影，逐渐为西方的商业与文化所裹挟，融入了近代化的洪流。

1911年，"南北动脉"津浦铁路从蚌埠穿境而过，宣告了蚌埠开埠。那个曾经的渔村集镇发生了历史命运的蜕变，迈上了近代城市发展之路。同年，辛亥革命爆发，淮上军于小南山上阻击张勋一战，使蚌埠名震江淮大地，战争的洗礼使城市的战略地位初步奠定。

民国八年（1919年）的一场大火，让蚌埠建筑毁于一旦。针对"民八大火"所暴露的问题，蚌埠市民在警察专局局长马祥斌带领下，对市政进行规划与整治，奠定了蚌埠城市建设的基石。之后随着商业交流的日益深化，蚌埠以盐粮立市，逐渐发展成为皖北商贸重镇。

1929年，民国政府拟定蚌埠历史上第一版城市总体规划——《十八年度蚌埠之建设方案》，虽未完全落实，却奏响了蚌埠城市建设规划的序曲。20世纪30年代蚌埠商贸业繁荣，居全皖之首，涌现出一批以宝兴机器面粉厂为代表的民族工商业。

1938年，日军侵华，蚌埠沦陷，成为伪安徽省政府所在地，城市经历了八年的殖民统治。抗战胜利后，蚌埠于1945年9月24日，光荣地成为中国第十站区接受苏皖境内日军投降的受降地。1947年1月1日经南京国民政府内政部批准，蚌埠正式设市，成为安徽省首个省辖市。

1949年1月20日，中国共产党解放蚌埠，城市获得新生。蚌埠解放后，为更好地布置与指挥渡江战役，其年3月22日，邓小平、陈毅、谭震林等率渡江战役总前委、华东局、华东军区前方机关和三野司令部，由徐州进驻到蚌埠孙家圩子村，在这里拟定了一系列重要文件，制定了一系列方针政策，筹建了新中国第一支海军，蚌埠一度成为渡江战役的军事指挥中心和华东地区的政治决策中枢，成为军史乃至中国革命史上重要的一环，名垂青史。

四　蚌埠的历史文化特点

回顾蚌埠的历史，让我们认识了蚌埠自古以来的发展历程，其中所显现出来的蚌埠历史文化特点亦值得我们重视和深思：

第一，首尾辉煌，中间沉寂。蚌埠地区由新石器时期到先秦时期比较辉煌，秦汉以降渐趋沉寂，尤其是南宋建炎二年（1128年）开始的长达700年的黄河夺淮入海期间，社会经济发展停滞不前。这一时期的出土文物也相对稀少。1911年津浦铁路通车以后，蚌埠迎来新生，迅速发展成为安徽重要的城市。这种趋势的形成，究其缘由，水患与兵燹首当其冲。淮河中游排水通道不畅和淮北平原农田积涝成灾，造成历代淮河水患成灾，加上黄河夺淮，更是雪上加霜。此外，蚌埠地处南北要冲，东西要道，历来为兵家必争之地。水患和兵灾严重阻碍了淮河中游和蚌埠地区的经济社会发展。

第二，包容性强，创新性、领先性突出。作为水陆交通枢纽的蚌埠，城市视野开阔，同时又融合了移民群体所带来的文化多样性与码头工人所先天具有的"敢为人先"的精神，共同塑造了蚌埠的城市性格。以"禹合诸侯于涂山，执玉帛者万国"为代表的古代文明，以及开埠后的时尚之风的涌现，便是这一特点的典型体现。

第三，影响中华民族历史进程节点多。地处中国南北分界处的蚌埠，其所孕育的历史事件，或偶然或必然地成为影响中华民族历史进程的节点，例如，禹娶、启生、会诸侯，为夏奠基；垓下之战，开创大汉基业，从此有了汉族、汉人与汉服；龙兴之地，造就大明王朝；孙家圩子剑指江南，成就建国大业。

滚滚淮水，道不尽蚌埠大地古今兴亡多少事。"珠城"蚌埠，拥有着"禹风厚德，孕沙成珠，务实开放，创业争先"的城市精神与灵魂。过往，先民们在这片土地上创造了灿烂辉煌的历史文明；当下，我们更应努力开拓出更加精彩的现代文明。

蚌埠市博物馆馆长　辛礼学

2016年12月

淮河古代文明

融通夷夏

淮河流域史前文明发展脉络

王　巍（中国社会科学院考古研究所）

据文献记载，早期淮河水系相对稳定，干流独自入海[1]。淮河及其多条支流形成了广泛的平原，庞大而汇聚的水系为文化的融合提供了便利的交通条件（图一）。淮河上游（颍水、汴水等主要支流）深入中原腹地，淮河下游（沂、沭、泗水系构成的主要支流）被认为是海岱文化圈的核心，淮河中游则呈现了更为开放的地理环境，自身并非一个稳定的文化区，却处于中国史前文化交互作用圈的过渡地带。淮河流域所处的特殊地理环境，决定了该地域是研究中原地区与海岱地区、黄河流域与长江流域古代文明交流与融合的平台。

近年来，蚌埠禹会村、固镇垓下和泗洪顺山集等遗址的考古发现填补了该地域新石器时代考古的空白，学术界逐渐认识到淮河流域在史前时代的重要性，提出了淮系文化和淮河流域古代文明起源的议题。因此，从宏观视角梳理淮河流域史前文明的发展脉络是很有必要的。

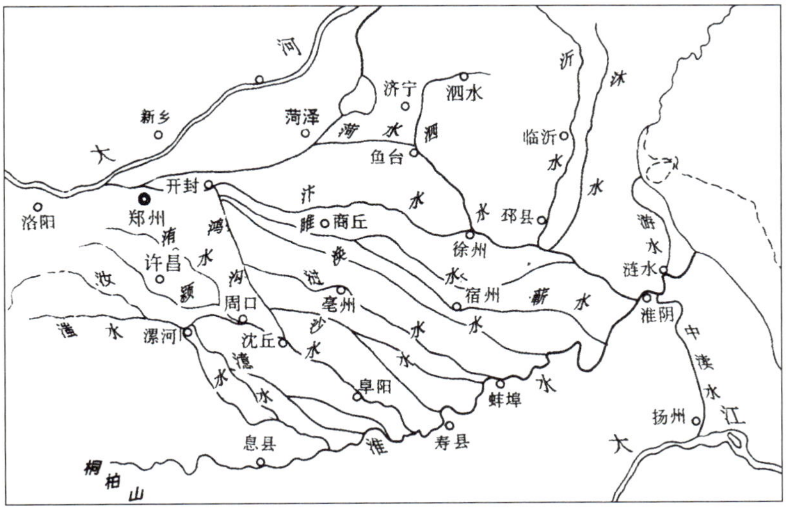

图一　南宋以前相对稳定的淮河水系图（据邹逸麟，1997）

一　八千年前的淮河文明曙光

舞阳贾湖遗址面积5.5万平方米，位于淮河上游河南漯河市舞阳县贾湖村，地处一湖两河之间。1983~2001年、2013年经过八次考古发掘，这是已知裴李岗文化时期面积最大、遗存最丰富和考古工作最全面的遗址[2]。贾湖聚落内发现包括房址、墓葬在内的大量遗迹，以及一批极具特色的生活用品与随葬品，发掘者将其命名为贾湖文化，距今约9000~7500年。

贾湖聚落周边环境存在丰富的野生的动植物资源，贾湖人主要依赖采集和狩猎为生，辅以农耕生产，栽培稻的驯化程度很高[3]，家猪的驯化特征也非常明显[4]。整个聚落由壕沟环绕，聚落内存在几个居住区，每个居住区内小房屋都围绕位于中心的一或两座大房屋分布，大房屋可能是居住区内公共活动的场所。贾湖早期墓葬都距居室很近，晚期则在居住区附近形成了分布范围清晰的墓葬区。许多墓葬中发现有特殊器物，如骨笛、龟甲和骨叉形器，可能和宗教仪式所用法器有关，这些墓葬一般面积较大，随葬品也比较丰富，散布在各墓组中间，没有出现集中埋葬和与其他墓葬隔离的情况，因此推断墓主人在聚落内具有很高地位，并且扮演了宗教祭司的角色。骨笛是最能够代表贾湖人工艺技术和艺术认知的器物，由鹤类水鸟尺骨骨管制成，管上刻5~8孔不等，普遍涵盖七阶音域。贾湖发现的龟灵崇拜和龟甲占卜是淮河流域原始宗教的源头，在大汶口文化、凌家滩文化中均有体现（图二）。龟甲上的契刻符号可能是中国最早的文字，某些符号与甲骨文的形态接近。

濉河下游的顺山集、韩井遗址近年来的考古工作填补了淮河下游史前考古的空白[5]。顺山集文化在濉河中游的小山口下层也有发现[6]。顺山集聚落由壕沟与自然河道环绕，环壕内面积近7.5万平方米。已揭露的居址集中于环壕内的中西部，立柱环绕的地面建筑形制开启了淮河流域建筑风格的先河。晚期房址面积普遍超过早期，F5面积达到22平方米，位于核心位置，功能相当特殊。晚期遗存分布范围跨过了环壕，在壕外侧形成专属埋葬区。墓葬间排列有序，成排分布，较少出现打破关系，墓地与居住区分离，并明显经过规划。墓地规模大、数量多，反映了这里的社会单位比较大，这与贾湖晚期的状况相似。墓葬均为长方形土坑竖穴，墓头向多北偏东，大都为单人的仰身直肢葬，少量双人合葬和多人合葬，随葬品不多，最多只随葬3件器物，有陶釜、

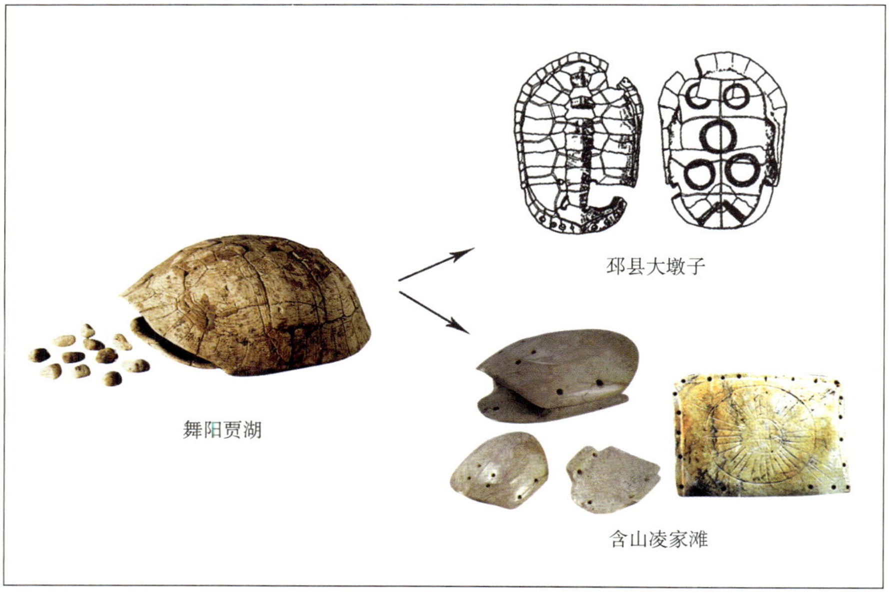

图二　舞阳贾湖墓葬发现的龟甲占卜与影响

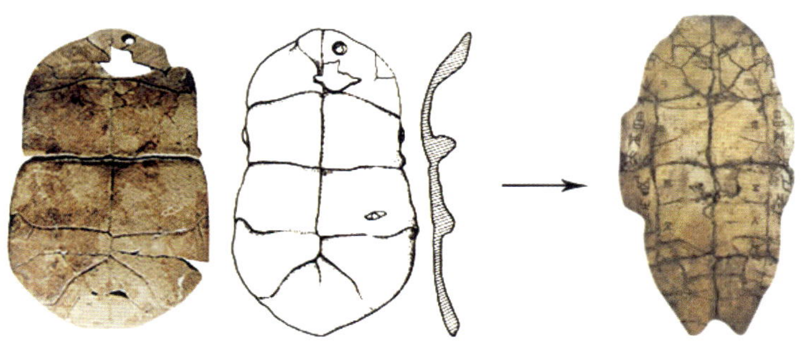

图三　舞阳贾湖发现的龟甲刻符与影响

钵和壶，及石制工具。

贾湖文化和顺山集文化开启了淮河流域史前文明的曙光，文化面貌虽然不同，但具有很强的时代共性。稳定定居的环壕聚落为文化的迅速发展提供了保障，野生的动植物资源在聚落生计模式中占很大比重，人工栽培水稻和驯养动物的技术已经相当进步。社会关系总体上较为平等，但是某些个人已经在聚落生活中表现出更加重要的地位，如贾湖墓地中随葬骨笛、龟甲、骨叉形器和象牙雕板等器具的墓主人，这些器具很可能是宗教活动的法器，而非对社会财富的绝对占有。宗教活动在淮河流域史前文明的肇始阶段已经表现出相当重要的地位，如龟甲占卜、刻画符号与聚落中的公共活动空间都成为淮河流域史前文明独特的印记（图三）。

二　七千年前的原始符号系统

进入新石器时代晚期，淮河上游开始纳入中原腹地文化辐射的范围，这里成为仰韶文化圈的重要组成部分，淮河下游则是北辛–大汶口文化的核心区域。距今七千年前后，中国史前文化相互作用圈的雏形开始出现，淮河中游的双墩文化是淮河流域最具地方特色的史前文化，其分布范围向南达到长江下游的宁镇地区，向北到达淮河支流的上游区域。

2013年淮河中游史前遗址考古调查发现，双墩文化聚落集中分布于淮河中游两岸的平原地带，聚落的规模普遍较小，人口数量有限。双墩遗址发现的碗底刻画符号最多，具有特殊地位。考古勘探表明，遗址核心区约1万平方米左右，东南部发现了陶片和兽骨的倾斜状堆积，出土遗物相当丰富。目前双墩聚落的整体布局尚不明晰，还需要进一步的考古发掘工作揭示。2014年10月，中国社会科学院考古研究所将启动双墩遗址的再次考古发掘，期望获得更多关于双墩文化史前社会的信息。

双墩遗址历次发掘出土刻画符号600余件，符号均表现在陶器上[7]。其中绝大多数出现在碗的外底部圈足内，仅有少数符号出现在豆圈足内或其他平底器底部等不同部位。带有刻画符号的陶碗外腹部大多数有2~4道放射状刻道，刻道划破器物表面的红色陶衣（器物施红色陶衣后刻上去的），很可能是在陶碗使用过程中为了表现某种特殊含义，以引起注意。刻画符号多为刻划或压划形成的阴文，还有一些是剔刻或拍印形成的阳文（图四）。符号结构复杂，有单体、两个或两个以上的重体符号，还有两个或两个以上不同的符号构成的组合形符号等。观察者对刻画符号进行了简单归类，有象形类（鱼形、猪形、鹿形、房屋、植物等），几何类（三角、方形、网格、圆圈等），以及复合类（象形叠加、符合表意等）。双墩遗址出土刻画符号数量多、内容丰富、时代早，而且与聚落生活息息相关。符号重复率高，象形、表意特征明显，符号还能够复合使用、叠加使用，是一种原始的文字系统。另外，在双墩文化其他遗址也能发现类似的刻画符号出现，说明这套符号文字系统还有一定的地域流通

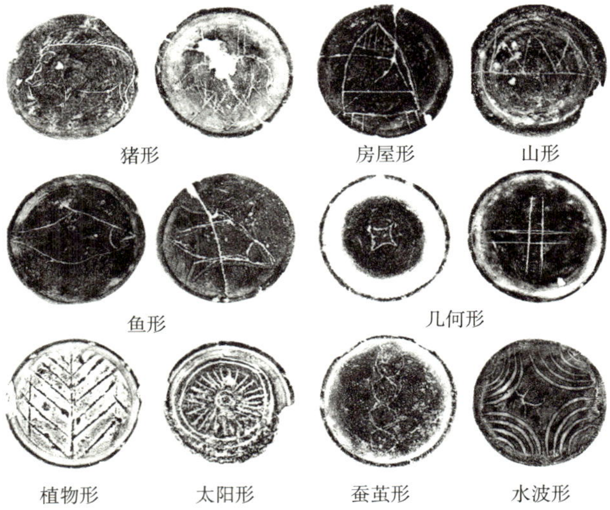

图四　蚌埠双墩遗址发现的主要刻画符号

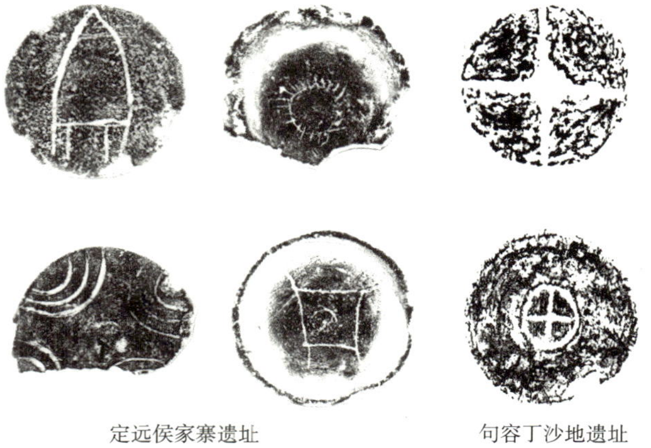

图五　双墩文化其他遗址发现的刻画符号

性（图五）。

距今六千年前后，中国范围内形成了几个交互作用的史前文化圈[8]。淮河流域以上游的仰韶文化和下游的大汶口文化社会复杂化程度最高，淮河中游还受到崧泽文化的影响。区域中心聚落内社会财富集中于少数个人，例如泰安大汶口墓地分区严整，大型墓葬集中埋葬，M2005 的墓主享用木质棺椁和多达百余件的随葬品，同时下葬的还有牛头、猪下颌和猪蹄等祭品[9]。邹县野店、曲阜西夏侯、莒县陵阳河和新沂花厅墓地在大汶口文化晚期出现了大型墓葬的独立埋葬区，反映了凌驾于族群之上的统治阶层的出现。

三　五千年前的“城乡分化”

新石器时代末期，大汶口文化的扩张是淮河流域最重大的历史事件。大汶口文化晚期，淮河流域聚落数量和规模都达到空前的兴盛状态。淮北河湖冲积平原适合耕种的优越条件得以体现，农业生产的稳定导致人口剧增，调查发现淮北平原大汶口文化晚期聚落的数量和规模急剧增长，社会总人口经历了一次突增。

淮北平原大汶口文化晚期遗址按照规模至少可以划分为两个等级。大型聚落的城垣和壕沟主要功能是防御水患，聚落层级的差异主要反映了人口规模的多寡，以及构建公共设施的能力。固镇的垓下和南城孜遗址面积都在 20 万平方米左右，南城孜有环壕环绕，垓下则具有城垣结构，这类遗址数量少规模大[10]。大部分遗址面积不超过 5 万平方米，数量众多，以蒙城尉迟寺环壕聚落为代表[11]。尉迟寺聚落围沟内面积 2 万余平方米，共发掘 14 排 18 组 73 间房屋遗迹和 5 处“活动广场”（图六），人口规模约 300 人左右。从房址布局推测该聚落以

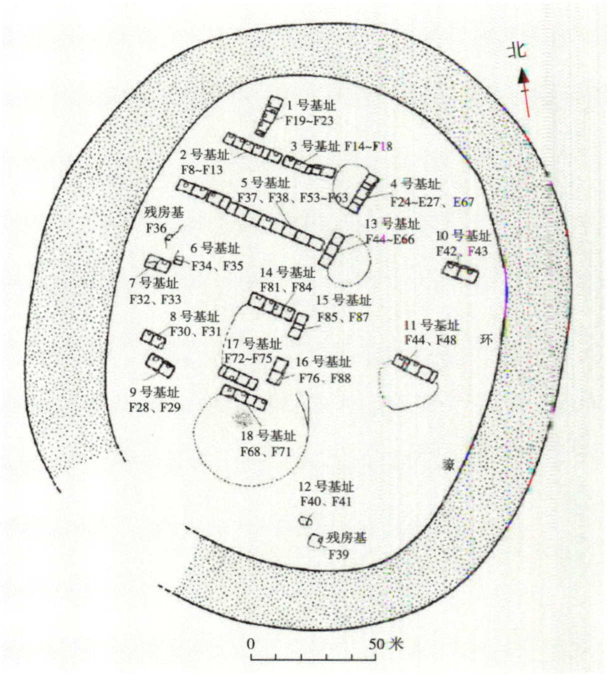

图六　蒙城尉迟寺聚落布局图

小家庭为基本社会单元，若干小家庭以血缘关系为纽带构成一个扩展家庭，聚落由数个扩展家庭组成的家族营建。垓下城址的城内面积约 15 万平方米经钻探发现城内有大面积红烧土堆积与活动面，15 处长条形夯土台基（大型房址）和陶窑，人口规模约 2000 以上（图七）。垓下城址内目前还未发现更高等级的建筑与墓葬，应该也是以小家庭为基本的社会单元，城内可能存在多个扩展家庭组成的血缘家族。

淮北平原大汶口文化晚期聚落之间存在密切关系，例如聚落内的房址都采用排房建筑，成组陶缸表现了某种仪式活动，陶缸表面的族徽文字完全相同。这些文化交流体现在精神信仰方面，与祭祀有关的公共活动在聚落内部发挥至关重要的作用，这种祭祀活动在广域范围内存在，也是保持聚落间普遍联系的纽带。

图七　固镇垓下城址布局图

四　四千年前的盟誓祭仪

淮北平原龙山中晚期并没有延续大汶口文化晚期以来聚落兴盛的局面，大汶口文化晚期的聚落普遍衰落，有些大汶口文化的聚落废弃了使用，有些龙山中晚期遗址是新选址营建的，大都沿用至商周时期。龙山文化遗址面积大都较小，规模基本上都在 1 万平方米左右，看不出明显规模等级分化。这和黄河中、下游地区龙山文化城址密集、聚落规模等级分明的格局形成巨大反差。在此背景下，地处淮河中游南岸的禹会村遗址显得尤为突出。禹会村遗址的时代相当于龙山中期，面积超过 50 万平方米，为淮河中下游地区所罕见。

2006~2011 年中国社会科学院考古研究所安徽队发掘了一批与龙山时代祭祀活动相关的遗存[12]。遗址东部发现有大型礼仪建筑，整个建筑台基系人工挖槽堆筑而成，逐层加工，工程量巨大。台基南北长达百米（108 米），东西宽度不等（13~23.5 米），现存面积有 2000 平方米（图八）。台基表面形态复杂，不甚平整，遗迹现象相当复杂（烧祭面、方土台、成排柱坑等）。台基西侧还有与台基平行的白色土铺垫的特殊通道，以及大型长条形“祭祀沟”（长

图八　蚌埠禹会村大型礼仪建筑表面遗迹

35.7 米），沟中发现了大量可复原陶器，其中陶鬶数量相当多，陶器体量普遍较大，还有精致的蛋壳陶杯残片。这暗示了大规模宴饮活动的存在，其形

成应当与祭祀台表面的祭祀、宴饮等活动密切相关。

有学者根据“禹合诸侯于涂山，执玉帛者万国”的文献记载推断该大型礼仪建筑为会盟性质的遗存，从出土遗物的文化因素分析，文化面貌确实表现出多种地域的联系。陶器多数具有江淮地区本地风格，也可看到北方中原地区、海岱龙山文化风格和南方长江流域文化风格，说明不同区域文化曾在此汇聚并深入交流。

结语　淮河流域古代文明的传承

淮河流域有着辉煌的史前文明，见证了中华文明的兴起与融合。进入历史时期，生活在这里的“淮夷”“徐夷”等族群曾拥有很强大的政治军事力量，夷夏杂处的淮河流域在华夏化的背景下逐步编户齐民，成为秦汉帝国的一部分[13]。考古学者有责任将研究中揭示历史文化信息推广给公众，使公众深入领略本土历史文化的魅力，增强珍惜历史文化资源、保护文化遗产的意识。淮河流域这片土地在漫长的历史过程中承载了许多人们共有的文化记忆，保护好、利用好这一财富是学界、政府、媒体和民众共同的责任。

本文为2014年4月19日蚌埠市领导干部大讲堂《淮河文明与传承历史文化》专题讲座讲稿，张东编辑整理。

注释

[1] 邹逸麟：《黄淮海平原历史地理》，安徽教育出版社，1997年。

[2] 河南省文物考古研究所：《舞阳贾湖》，科学出版社，1999年；中国科技大学科技史与科技考古系等：《河南舞阳贾湖遗址2001年春发掘简报》，《华夏考古》2002年第2期；蓝万里、张居中等：《河南舞阳贾湖遗址2013年发掘新收获》，《2013中国重要考古发现》，文物出版社，2014年。

[3] 赵志军、张居中：《贾湖遗址2001年度浮选结果分析报告》，《考古》2009年第8期；刘莉等：《关于中国稻作农业起源证据的讨论与商榷》，《南方文物》2009年第3期。

[4] 罗运兵、张居中：《河南舞阳贾湖遗址出土猪骨的再研究》，《考古》2008年第1期。

[5] 南京博物院考古研究所、泗洪县博物馆：《江苏泗洪顺山集新石器时代遗址发掘报告》，《考古学报》2014年第4期；南京博物院：《江苏泗洪新石器时代遗址调查报告》，《南京博物院集刊13》，文物出版社，2013年。

[6] 中国社会科学院考古研究所安徽队：《安徽宿县小山口和古台寺遗址试掘简报》，《考古》1993年第12期。

[7] 安徽省文物考古研究所、蚌埠市博物馆：《蚌埠双墩——新石器时代遗址发掘报告》，科学出版社，2008年。

[8] 张光直：《中国相互作用圈与文明的形成》，《中国考古学论文集》，生活·读书·新知三联书店，2013年。

[9] 山东省文物管理处、济南市博物馆：《大汶口新石器时代墓葬发掘报告》，文物出版社，1974年。

[10] 唐杰平、贾庆元等：《安徽固镇县垓下遗址》，《中国文物报》2009年7月10日；安徽省文物考古研究所等：《安徽固镇县垓下遗址2007~2008年度发掘主要收获》，《文物研究（第16辑）》，黄山书社，2009年；安徽省文物考古研究所、固镇县文物管理所：《安徽固镇垓下遗址发掘的新进展》，《东方考古（第7集）》，科学出版社，2010年。

[11] 中国社会科学院考古研究所：《蒙城尉迟寺——皖北新石器时代聚落遗存的发掘与研究》，科学出版社，2001年；中国社会科学院考古研究所、安徽省蒙城县文化局：《蒙城尉迟寺（第二部）》，科学出版社，2007年。

[12] 中国社会科学院考古研究所、蚌埠市博物馆：《蚌埠禹会村》，科学出版社，2013年。

[13] 朱继平：《从淮夷族群到编户齐民——周代淮水流域族群冲突的地理学观察》，人民出版社，2011年。

天文授时与阴阳思辨

上古猪母题图像的文化义涵

冯 时（中国社会科学院考古研究所）

中国的原始文明是基于先民对天人关系的思考而形成的文明形式，这意味着天文学实际已成为中国传统文化之源[1]。先民的文明创造并非仅限于对物质的满足，而更强调形上思想与礼仪制度的光大。古人向以形而上者谓之道，形而下者谓之器，“以器载道”的追求使器物充当了表达思想与制度的载体。事实上，先民对于形上思想与制度的创造才真正体现着中国原始文明的根本特点。显然，探索古代文明，忽略对中国传统宇宙观的研究是不可想象的。

鉴于作为农业基础的天文学能够为农业生产提供准确的时间服务，因而成为人类社会产生的最古老的科学，其历史相当悠久。虽然观象授时的目的是为农作祈生，然而对先民而言，宗族的繁衍如果不是比农作的丰收更具有意义，至少也体现着先民发明农业的根本需要。《国语·周语上》：“夫民之大事在农，上帝之粢盛于是乎出，民之蕃庶于是乎生。”事实上，这种固有的祈生观念促进了古人对于阴阳的认识。

目前的考古资料显示，古人对于阴阳的思辨早在距今八千年前就已完成了，不仅如此，在阴阳观念形成之后，对阴阳的表现形式也丰富多彩[2]。阴阳思辨作为古人对于万物生养原因的哲学解释，这一思想必然首先与传统的天文观与宗教观相结合，而在天极与极星以及与此相关的上帝崇拜的系统中，中国的上古时代则流行着一种以猪比附北斗的文化传统。我们曾综合考古资料与文献史料的研究，将这一传统从公元前第六千纪的新石器时代系统地梳理了出来[3]，而西汉星象图的发现更提供了正确认识这一问题的无可辩驳的证据，其或以猪绘于星图中北斗的位置[4]，或又将北斗七星与猪的图像合绘在一起[5]，清晰且彻底地揭示了这一久已湮灭的古老观念。

古人以猪表现北斗，其形式时有变化，或作一猪，或作二猪；而二猪又或作两头头向相反的猪，或又将头向相反之二猪简化为同体二首的形象。这些表现形式及造型特征的变化并不是没有意义的，它从根本上反映了古人对于以上帝崇拜为核心的原始宗教观以及以阴阳为核心的传统哲学观的结合。

古人以北斗为帝车，这个传统十分悠久。《史记·天官书》：“斗为帝车，运于中央，临制四向，分阴阳，建四时，均五行，移节度，定诸纪，皆系于斗。”北斗是中国古代天文学五宫体系之中宫中最重要的星官，由于其位处恒显圈，终年常显不隐，故可通过北斗建立其与二十八宿赤道带星官的联系。同时又因为岁差的缘故，数千年前北斗的位置较今日更接近北天极，因而充当着最早的极星，在原始的宗教观形成之后，北斗被视为上帝的乘车，天帝乘北斗巡行四方，犹上帝居中而统御四方。显然，古人以猪作为帝车北斗的象征，其本质实际是以猪象征天帝。

天文考古学的研究显示，古人以猪的形象，甚至二猪或同体二首的猪的形象表现天帝，这一做法于新石器时代已十分普遍。以往我们获得的这方面的最早物证，无论属于河姆渡文化的遗物，还是红山文化或凌家滩文化的遗物，其年代皆不出公元前第四千纪[6]，但安徽蚌埠双墩新石器时代遗存的最新发现[7]，则将古人以猪象征北斗及天帝的历史提前到了距今七千年前。遗址出土的陶器圈足底部多有刻画，其含义或有对于古代时空观的表现[8]，而在众多的刻画图像中，有十五例刻画的内容为猪，其中十四例陶器刻有一猪（图一，1~3），一例陶器刻有方向相反的二猪（图一，4），而这种方向相反的特殊二猪造型的出现几乎可以排除古人仅以猪表现家畜饲养的可能。毋庸置疑，这些新资料对于中国早期天文学的研究，特别是原始宗教观及早期文明史的探索都具有极其重要的意义。

古人以猪象征北斗及天帝的做法无疑很清楚，然而这一象征表现手法的文化理解究竟是什么？准确地说，古人何以要用猪甚至两首方向各异的双猪

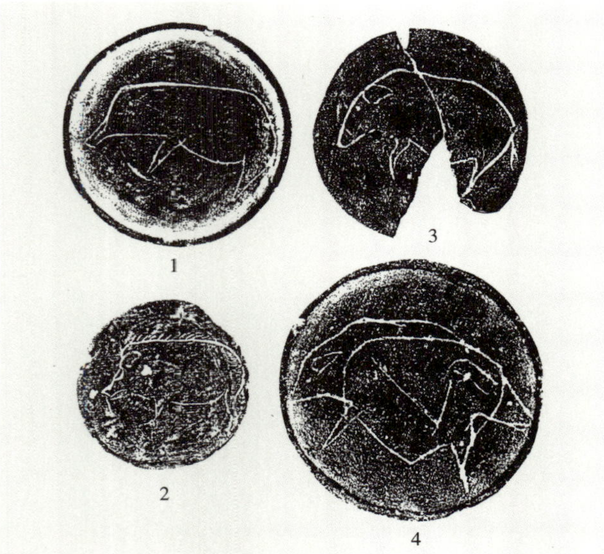

图一　双墩遗址出土刻画于陶器上的猪图像
1.86T0720③:70　2.91T0620⑬:15
3.93征集品:2　4.93征集品:1

象征北斗和天帝，而不选用其他的动物，则是我们必须解释的问题。事实上，古人的这一原始思维朴素而富于想象，不仅反映了先民对于祈生观念的追求，而且体现了他们对万物生养基础的认识，这就是对阴阳的哲学思考。

古人借猪表达相应的阴阳观与文化观，最为人们熟知的便是汉字的“家”字。《说文·宀部》：“家，居也。从宀，豭省声。”段玉裁改“居”作“尻”。许慎对于“家”字造字本义的解释引发了学者的长期讨论，使之成为中国学术史上悬而未决的问题。商周甲骨文、金文的“家”字或作从“宀”从“豕”，其呈猪在房中之形，遂学者以为“家”字的本义即为猪圈，或以为有猪圈者则为家，或又解“家”字本为杆栏式之建筑，下面养猪，上面住人。这些解释多出臆想，与基本史料及相关制度皆不能合。其一，以家为猪圈，向无此传统，商周文字之家也从未见有这种用法。《尔雅·释宫》：“牖户之间谓之扆，其内谓之家。”可明家与猪圈的意义毫不相涉。其二，以家因有猪圈者而为家，此说本末颠倒，家为人所居，故本以居为训，而非以猪所居之义训家，义至鲜明，故“家”不合所谓猪圈的思考。其三，以杆栏式建筑为家，此说颇背“家”字字形的结构，因为早期汉字的“家”并不具有所谓杆栏式建筑的特征。因此，古人所造之“家”以及其所体现的文化内涵必须另作考索。

段玉裁《说文解字注》云：“按此字为一大疑案。豭省声读家，学者但见从豕而已，从豕之字多矣，安见其为豭省耶？何以不云叚声，而纡回至此耶？窃谓此篆本义乃豕之尻也，引申叚借以为人之尻。字义之转移多如此。牢，牛之尻也，引申为所以拘罪之牢。庸有异乎？豢豕之生子最多，故人尻聚处借用其字，久而忘其字之本义，使引申之义得冒据之。”所说是非杂糅。其以牢义本为圈养牲牛引申而为牢以解家之引申，颇不足取。牢用为罪牢，其义自可于圈牲而引申，但豢猪与家却不具有这样的关系。然段氏以为“豢豕之生子最多，故人尻聚处借用其字”，其说则颇具启发。

殷商甲骨文“家”本作“”，从“宀”从二“豕”。二豕之喻显然不在说明猪的数量众多，古人习以三

物以象数量之多，与此做法不合。那么根据古人习惯的思维及表现形式，二豕所传达的思想显然只能是表现猪豕的雄雌。准确地说，古人事实上是在借雄雌二猪表现阴阳，也就是组成家庭的两性。这一做法当然与人们对于阴阳的思辨相关，反映了先民对于婚礼本质的根本认识。

古成婚礼以结两姓之好，目的即在繁衍后嗣而使宗族传续，所以祈求生育而求多子多孙才是婚礼的本质。婚礼本名“昏”礼，意即于黄昏之时所行之礼，礼毕即入内行生育之事，这是古代婚礼，特别是婚礼初成时代最本质的追求。古时婚礼行撒帐之俗，以枣、栗子、花生等物以喻求多子，即见其于传宗接代之祈盼，致女子五十而无子者休出之。这些礼俗于今或有延续，体现了人类对于生育繁衍之事作为婚礼核心的一贯思想。

基于这种文化背景的分析，可知“家”字本从之二豕，其真实意义实在于表现雄雌两性，并通过二豕所具有的两性以象征组成家庭的男女。当然，如果将这种象征手法上升到哲学的层面，那么二豕的表现就不仅只在于说明两性男女，而更具有着阴阳相生的朴素思考。人有男女两性才可能生育后嗣，动物植物唯有雄雌两性才可能繁殖不灭，而由此扩大至对万物生养原因的解释也便产生了一般意义的阴阳思辨，从而使阴阳观念具有了哲学的价值。古人以为，独阳不生，独阴不生，独天不生，必阴阳和合才能生养万物[9]，这便是古人以两性作为构成家庭基本条件的思考。

二豕所具有的阴阳象征意义在考古学与文献学两方面都可以获得坚实的佐证。对辽宁建平牛河梁红山文化圜丘与方丘遗迹我们已有研究[10]，而位于方丘西侧坛南的4号墓所反映的交泰思想(图二)，我们也有深入讨论[11]。需要强调的是，墓主胸前摆放的二猪大小各异，象形不同（图三），已经显示出其所具有的阴阳差异。特别是二猪颜色的区别、方向的互逆，更直接说明其所具有的阴阳内涵。二猪以居右侧阳位者呈青色，居左侧阴位者呈白色，其与中国传统方色理论以东方阳色为青、西方阴色为白的观念正相符合。二猪表现北斗星象，这意味着古人必有以北斗具有阴阳属性的观念。原因很简单，北斗虽居中宫而当位天极，但因其围绕着天极运转而指建四方，故而必然表现出四方及四时阴阳的特点，从而使北斗一官而兼含有阴阳。《史记·天官书》言北斗建时而分阴阳、建四时，且临制四方，都体现着北斗星官与阴阳的联系。《天官书》又录

图二　牛河梁 M4 红山文化交泰遗迹

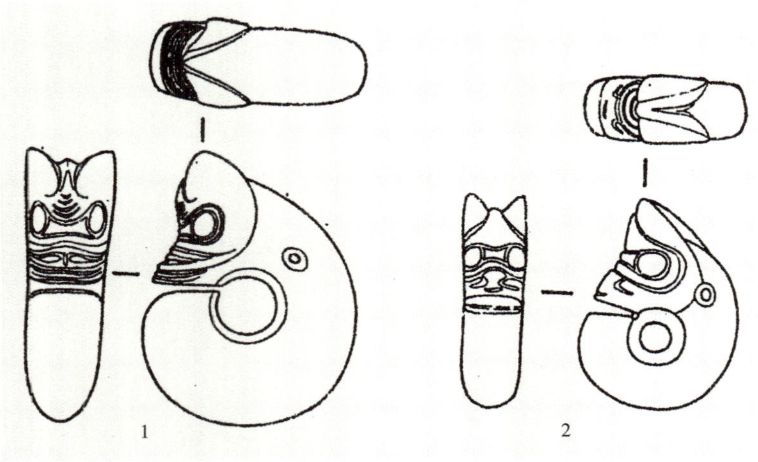

图三　牛河梁 M4 出土红山文化玉猪
1.M4:2　2.M4:3

斗建之法为“昏建者杓”，“平旦建者魁”，更道明北斗不同部分所具有的阴阳的性质。裴骃《史记集解》引孟康则谓杓为斗尾主西而属阴，魁为斗首则主东而属阳[12]。这种阴阳北斗的观念显然决定了比附北斗的猪也需要同时呈现出雌雄双体的特点，而且二体的方向必须相反。《淮南子·天文》：“北斗之神有雌雄，雄左行，雌右行。”于此所述甚明。以此思想比观红山文化交泰遗迹的阴阳北斗，其呈青色而大者为阳，居右而左行；呈白色而小者为阴，居左而右行，与《淮南子》之记载吻合无间。很明显，如果认为安徽蚌埠双墩新石器时代遗址发现的双体异向的猪的图像就是红山文化这种阴阳北斗观念的渊薮，应是可以接受的结论。这种双体异向的猪后来简化为一体双首的造型（图四），通过凌家滩文化、河姆渡文化、红山文化先民的传承，至西汉时期仍可见其孑遗。

先民的文明观始终是以对思想与制度的思考与建设为基础的，器作为普遍的物质遗存只是表现其所追求之道的载体，“以器载道”才是古人制器的根本目的。初民对阴阳的思辨完成之后必须解决对阴阳的表现形式问题，而在前文字时代，或者说在古人学会用“阴阳”两个文字概括阴阳观念之前，阴阳的表述可以是承载相应阴阳意义的空间、时间、星象、数字、律吕等不同的形式。而就家的思想而言，由于家乃由男女两性所组建，这使“家”字的创造必须要体现阴阳的义涵。显然，“家”本以二豕作为字的基本结构，其用意即在以雌雄二兽喻指阴阳。

诚然，“家”字所体现的阴阳思想何以必须通过猪来实现，其原因当然在于古人对猪在生育能力方面的观察与理解。《易·系辞下》：“天地絪缊，万物化醇。男女构精，万物化生。”既然家庭得以建立的目的本在生育得子，得子又必祈望其多，而在古人驯养的马、牛、羊、鸡、犬、豕六畜之中，猪无疑是产子最多的牲畜，其生育能力最强，故古人遂以阴阳二猪借以比喻由男女两性为生育而组成的家，其意即在表达对成家多子之祈求。当然，阴阳对偶家庭的出现乃是父系氏族社会的产物，家庭成员中的男性主人不仅是家庭的核心，而且从生殖崇拜的角度讲，也是决定生育及宗族繁衍的关键方面。古文字“祖”本即男根之象形文[13]，古代社会又长期流行祭祖之俗，都是这一观念的客观反映。很明显，正像豕的繁殖能力虽强，但代表这种繁殖力的却首先是牡豕而不是牝豕一样[14]，“家”字后来也由阴阳二豕省简为一豕，而写作“[illegible]”、“[illegible]”或“[illegible]”，特别强调了豕的雄性特征。事实上在这些字形中，“家”字所从的牡豕形象正是“豭”字的初文[15]，其后才最终简化为从豕之“[illegible]”。许慎以“家”读如“豭”，或谓“豭”省声，其说至确。豭为牡豕，正是家具有夫权特点及衍生观念的反映。

与这一思想相通的是，上帝不仅本作为宗祖神决定着宗族的繁衍与延续，而且后来发展成为至上神而统御四方，更决定着万物的生养。显然，主宰

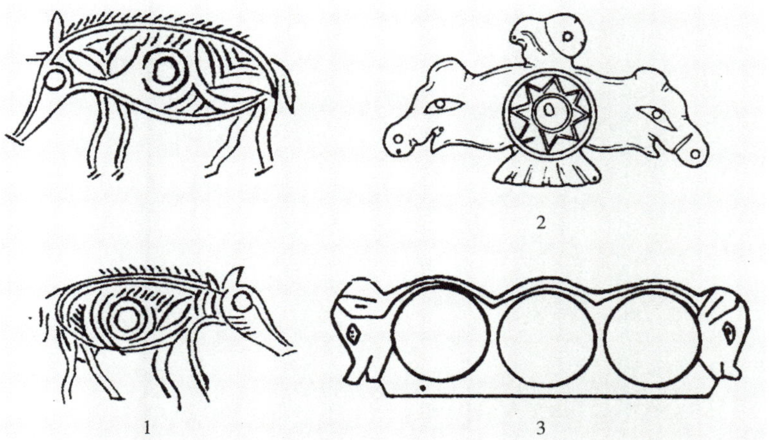

图四 新石器时代双猪及同体双首猪
1. 河姆渡文化刻于斗形陶钵双面的猪图像（T243④:71）
2. 安徽含山凌家滩出土双首猪玉雕（M29:6）
3. 红山文化双首猪三孔玉雕（辽宁凌源三官甸子出土）

万物的生养已成为上帝独享的无上权能。因此为表达这种上帝生养万物的思想，先民很自然地将他们所理解的最能生育的猪作为天帝的象征，同时由于北斗围绕天帝的居所天极之旋转而被想象为帝车，象征天帝的猪也就自然具有了象征北斗的意义，从而形成古人以猪比附北斗的独特传统。

天文学对传统哲学的影响起于古人对阴阳的思辨，其中最具特色的应该就是天极阴阳的观念。古人以二猪象征北斗和上帝，既体现了人们对于阴阳的思辨，也体现了上帝作为宗祖神及至上神所具有的主生的权能。《易·系辞下》："天地之大德曰生。"孔颖达《正义》："天地之盛德在乎常生，若不常生，则德之不大，以其常生万物，故云大德也。"足见古人祈生思想之根深蒂固。而表现阴阳相生之二猪又可简化为一猪，这种做法同"家"字的简化一样，则体现了原始宗教观中对至上神男性性别的强调。

注释

[1] 冯时：《中国古代物质文化史·天文历法》绪论第四节，开明出版社，2013年。

[2] 冯时：《天文考古学与上古宇宙观》，《中国史新论——科技与中国社会分册》，"中央研究院"、联经出版公司，2010年。

[3] 冯时：《中国天文考古学》第三章第二节，社会科学文献出版社，2001年。

[4] 冯时：《洛阳尹屯西汉壁画墓星象图研究》，《考古》2005年第1期。

[5] 同[1]，第174~175页。

[6] 同[3]。

[7] 安徽省文物考古研究所、蚌埠市博物馆：《蚌埠双墩——新石器时代遗址发掘报告》，第193~195、332~337页，科学出版社，2008年。

[8] 冯时：《上古宇宙观的考古学研究——安徽蚌埠双墩春秋钟离君柏墓解读》，《"中央研究院"历史语言研究所集刊》第82本第3分，2011年。

[9]《穀梁传·庄公三年》："独阴不生，独阳不生，独天不生，三合然后生。"

[10] 同[3]，第七章。

[11] 冯时：《天地交泰观的考古学研究》，《出土文献研究方法论文集初集》，台湾大学出版中心，2005年。

[12]《史记·天官书》裴骃《集解》引孟康曰："《传》曰'斗第七星法太白主，杓，斗之尾也'。尾为阴，又其用昏，昏阴位，在西方。魁，斗之首，首，阳也，又其用在明阳与明德，在东方。"

[13] 郭沫若：《释祖妣》，《甲骨文字研究》，大东书局，1931年。

[14] 游顺钊：《殷商卜辞前"家"的原始义蠡测》，《古文字研究》第二十七辑，中华书局，2008年。

[15] 唐兰说，引自闻一多《闻一多全集（二）》，第539~540页，三联书店，1982年。

对禹会村遗址农业遗存的思考

王吉怀（中国社会科学院考古研究所）

禹会村遗址是淮河中游大型的龙山文化遗址，是一处与“禹会诸侯”密切相关的礼仪性建筑基址。在同期的文化中，一处龙山文化遗址，一般都包含有与长期居住有关的遗迹和遗物，但禹会村遗址与同期文化所不同的是，“禹会诸侯”事件属于短期行为的活动，不具备长期聚落的性质。那么，不同地区集聚于这里的部落成员，尽管是短期的居住，他们又是如何吃住，也是考古研究中必须思考的问题。

会诸侯期间的居住，根据考古发掘的遗迹现象，已经给我们提供了确凿的答案，那就是具有临时性的大型工棚式建筑，即仅在地面挖槽、立柱，搭建起一个简易的能够遮风挡雨的临时住所。吃的问题，考古人员也从遗址的土壤中进行了浮选并提取了孢粉例证，其中发现有稻作农业（图一）和粟类农业的孢粉及碳化颗粒（图二），这就引起了我们深深地思索。因为，稻作是南方一种喜水的农作物，粟类作物则是北方旱地农作物，那么，为什么会在淮河流域的禹会村遗址这样短期行为的遗址中，同时出现两种农作物呢？我们不能不思考农作物的来源问题。

首先，我们应该先了解一下人们对食物结构的传统认识。在中国人传统的饮食习惯中，自古就有“南方米，北方面”的说法，其中需要我们思考清楚的问题是：南方、北方怎么分界；为什么说南方人爱吃米，北方人爱吃面？

图一　禹会村遗址浮选的水稻

图二　禹会村遗址浮选的粟

在地理分界线上，我们常说以秦岭—淮河线为南北两方的分界线，但要说秦岭，似乎地域有些广阔，不如说以淮河为界线更为清楚。淮河以北泛指北方，淮河以南泛指南方。位于淮河岸边的江苏淮安设有我国南北方分界线标志，成为首个建有南北地理标志的城市。如今，在安徽蚌埠的龙子湖畔，树立着一座新型的南北分界标志，使蚌埠成为又一个建有南北分界线标志的城市。

在传统意义上，南北方分界线就是水田和旱地分布的界线，此线南北，无论是自然条件、农业生产方式，还是地理风貌以及人们的生活习俗，都有明显的不同。淮河以北，属于温带半湿润季风气候，农业经济形态属于北方特点；淮河以南，属于亚热带温湿润季风气候，农业经济形态属于南方特点。

自古以来，北方降雨量小，气候干旱，旱地多。但是，北方的黄土不易风化，能保持大量的矿物成分，黄土一般还具有良好的保水和供水性能，在雨量少的情况下，仍然可以从事耐旱作物的种植，适于种小麦、小米之类的旱地农作物，因此，北方小麦、小米的产量大，吃的人也就多，习惯上也就会说以吃面食为主。南方降雨量大，气候潮湿，水田多，适于种水稻等喜水性作物，因此，水稻产量大，吃的人也就多，习惯上也以吃大米为主。那么，我国远古时期是否也是这样呢？

研究农业结构的存在，关键在于农作物本身，因为，农作物是人类遗留在遗址中的一种最直接的实物例证，是考察人类饮食结构的最有说服力的物品，这些物品有的遗留在地层中，有的遗留在器物中，有的遗留在与生活有关的遗迹中等等。但是，这些易于腐烂的东西，又根据当地土质酸碱程度的差异，保存情况也不尽相同。因此，我们必须借助于自然科学的测试，提取我们肉眼看不到的信息。

说到“南方米，北方面”的问题，我们有必要依据考古资料，粗略的了解一下不同地区的原始农业结构。

一　北方地区原始农业结构

北方的旱地作物历史悠久，从最初的“刀耕火种”开始，人类真正的发展了以植物再生的原始农业，走上了以发展农业维系人类生存的道路。具有旱地特点的粟类作物，在黄河流域的新石器时代诸多的早期遗址中都有发现，目前，应该以裴李岗文化为早[1]，距今约8000年。为什么在北方的裴李岗文化时期能首先发展起来粟类作物呢？这与当时的气候条件和土壤结构有密切的关系。

裴李岗文化起源于中原地区，从地质构造上讲，中原地区是以华北陆台为基础的，华北区最特殊和最重要的地理特征是黄土及黄土状物质的分布，其中黄河中游地区是我国黄土分布最为集中的地区，地理上有“黄土高原”之称，时代属于更新世中晚期，这就是历史上所说的第四纪黄土[2]。黄土土质疏松，肥力高，适种性广，非常有利于农业发展，这就给北方的地理条件造成了丰富的物质资源和土壤资源。而气候因素在我国自然景观的形成发展及其利用改造过程中，起着十分重要的作用，它对我国农业的生产提供了良好的基础。从地理环境、土质和气候方面观察，裴李岗文化所处的地带是非常有利于古代人类的居住和古老的农业生产的。又只因华北区的降水量集中于夏季，不如南方降水量平均，所以，生活在北方的裴李岗文化的居民很自然地选择了具有耐旱早熟之特点的粟作为主要农作物。

与此同时的河北磁山文化[3]，也是华北地区最具有直接证据的粟类农业的氏族部落，虽然在磁山遗址中没有发现居址基址，但大量的粮食埋藏在窖穴中，则是种植粟类作物的直接见证。也是我国北方地区粟类遗存最为丰富的遗址。

到了仰韶文化以后，粟类作物都有普遍发现，由此说明，具有耐旱早熟的粟类农业，自远古时期，就是北方特有的农作物。

二　淮河流域的原始农业结构

淮河流域的早期遗存，以小山口和古台寺遗址[4]、石山孜遗址[5]和蚌埠双墩遗址[6]为早，但遗憾的是在前两处遗址中尚未发现直接的农作物遗存。双墩遗址通过显微分析表明，双墩文化时期存在着大量的夹炭陶，其中夹杂的炭屑多为稻壳，暗示着稻作农业在7000多年以前的淮河中游地区就已经存在。而到了大汶口文化阶段，考古资料就比较丰富。

说到大汶口文化，我们不能不想到安徽蒙城尉迟寺大型聚落遗址[7]。尉迟寺遗址中，同时出现了小米和水稻，说明当时人类已经不是简单的适应自然环境，而是充分利用自然环境发展农作物生产。

尉迟寺遗址中的稻类作物迹象，在很多方面可以用肉眼观察到。在倒塌房子的红烧土块中，有大量掺入稻壳、稻草的痕迹，肉眼观察到的稻壳与我们现在的水稻基本相同。小米的碳化颗粒，在多处房址内的存储器中都有明显的存在，经过浮选后即能清晰地看到粟粒碳化颗粒的实体。更重要的是，在储藏间里，都有大型的陶器作为储存粮食的器具，从这一方面也反映了当时的农业生活结构。

通过比较，尉迟寺遗址中水稻硅酸体和现代水稻硅酸体基本相同；同时，尉迟寺的小米硅酸体和现代小米硅酸体基本相同。

尉迟寺资料表明，在新石器时代晚期，稻作农业和粟类植物沿着各自的轨迹传播扩展，这两条轨迹在黄淮地区重合，形成了独特的交汇区特点，出现了既有粟作、又有稻作的两种作物的混作农业。这也说明，黄淮地区是粟稻交汇的过渡地带，是南北文化交流互补的重要场所。所说的南北交流，最重要的内容之一就是粟与稻的交流，代表北方粟文化与南方稻文化的交流[8]。正因为这种交流才使农业得到了发展，只有生产力和社会经济的发展，才能为社会文明的进步注入活力。所以说农业文明对中国古代社会的发展具有巨大推动作用。

三　南方地区原始农业结构

南方的水田农业源远流长，长江流域最早的新石器时代文化彭头山文化[9]，距今约9000~8300年（质谱法测得）。得名於湖南澧县彭头山遗址，分布于长江中游地区。彭头山遗址的文化面貌，与以往所发掘过的新石器时代文化面貌完全不同，在彭头山，科学家发现了世界上最早的稻作农业痕迹——稻壳与谷粒，为确立长江中游地区在中国乃至世界稻作农业起源与发展中的历史地位奠定了基础。

长江流域的河姆渡文化[10]，也是南方地区早期新石器文化之一。河姆渡遗址中存在有大量的稻谷、稻壳、稻草的实物证据。完全证实了原始社会时期居住在南方的河姆渡人，以从事稻作农业为主。到良渚文化[11]时期，水稻栽培更是当时最主要的农业生产活动，在诸多的良渚文化遗址中，都发现了稻谷和稻米的遗迹，并经鉴定均属于人工栽培的籼稻和粳稻。到后期的遗存中，稻作农业迹象更为常见，这就印证了稻作自古代起，就是南方的特产。但是，在南方的遗址中却与粟类作物无缘，这是由于地理条件和自然气候所决定的。

我们从黄河流域、淮河流域和长江流域的原始遗址中，已经看到了原始农业结构的特点，那就是，北方以粟类作物为主，南方以稻作农业为主，而在淮河流域，则出现了两种农作物混合的现象。这种现象的存在，必须有一个前提，那就是只有人类能在此久居，才能根据当地的特有条件发展农业。

四　禹会村遗址粮食来源探讨

禹会村遗址属于淮河中游，应该具有淮河流域农业的普遍现象，就是说，如果禹会村遗址是一处长期定居聚落，那么，在一个遗址中同时出现两种农作物是可能的，因为我们从相邻的尉迟寺遗址中已经得到了确凿的实物资料，证实了当时的生态环境和气候条件能够适应大米和小米的生长。但是，由于禹会村遗址的特殊性，我们不能按正常的思维去解读留于禹会村遗址的农作物遗存。

我们已经把禹会村遗址定位为具有短期行为的祭祀遗址，那就很难认可在此居住的人员有过行农耕的活动，因为无论是大米还是小米，从种植到收获都需要有一定的周期，而这个周期与遗址的性质完全不符，人们是通过某种大型活动集聚禹会，或多次往返，但未必以短期活动而在此发展农业，从简易住房也使我们看到了时间的短期性或临时性。

另外，依据自然科学的测试结论，在距今4500

年以前、龙山文化出现到中期、龙山文化中期到后期、距今4100年之后龙山文化晚期等四个阶段该地区的环境总体趋势大致经历了暖湿–冷干–暖湿–冷干的气候变化过程，其中有气候的波动和环境突变事件。禹会村遗址现在的海拔为32米，而遗址附近的淮河现在的洪水位也仅大约为海拔18米。因此，安徽淮河流域在距今4100后气候趋向干旱，使得禹会村遗址逐渐远离水源，农业生产受到制约，食物来源减少，从而使以农业为主的龙山文化发展受到制约。

综合各种环境代用指标显示，该时期气候湿润，丰富的降水使淮河及其支流处于高水位，甚至泛滥成灾，遗址所在地或周边被水淹没，或没有人类活动。这是这一时期的一个重要环境事件，也是该遗址成为一个单一型的遗址重要气候环境原因[12]。所以，遗址中存在的农作物遗留，就自然地排除了是在当地农耕再生的可能。

从遗址器物凸显的文化特征，我们已经定位了在此居住的人群，有来自于中原地区、黄河下游、苏北地区、长江流域、江汉平原等地。在这些人群中，既有吃面者，也有吃米者。显然，遗址中的大米和小米，不排除是从各地带来的可能。

结　语

如果是一处具有长期居住型的聚落，我们就会考虑遗址与自然环境的关系，就会从人类认识自然到改造自然最后到发展农业并根据当地的生态环境特点进行农作物再生的过程，我们已经从尉迟寺的大汶口文化时期就看到了当时已经进行稻作农业和粟类农业，而且到了大汶口文化晚期至龙山文化阶段，粟类作物明显不占优势，而逐渐被稻作农业所代替，这是淮河流域新石器时代原始农业发展的基本状况。禹会村遗址属于龙山文化，本应以稻作农业为主，就因为是短期行为和不同区域人群的居住，所以，遗址中同时存在的稻米和粟类农作物就不难理解了。

注 释

[1] 开封地区文管会、新郑县文管会：《河南新郑裴李岗新石器时代遗址》，《考古》1978年第2期；开封地区文管会、新郑县文管会、郑州大学历史系考古专业：《裴李岗遗址一九七八年发掘简报》，《考古》1979年第8期；中国社会科学院考古研究所：《1979年裴李岗遗址发掘报告》，《考古学报》1984年第1期。

[2] 任美锷等：《中国自然地理纲要》，商务印书馆，1992年。

[3] 邯郸市文物保管所、邯郸地区磁山考古队短训班：《河北磁山新石器遗址试掘》，《考古》1977年第6期；河北省文物管理处、邯郸市文物保管所：《河北武安磁山遗址》，《考古学报》1981年第3期。

[4] 中国社会科学院考古研究所安徽工作队：《安徽宿县小山口和古台寺遗址发掘简报》，《考古》1993年第12期。

[5] 安徽省文物考古研究所：《安徽濉溪石山子新石器时代遗址》，《考古》1992年第3期。

[6] 安徽省文物考古研究所、蚌埠市博物馆：《蚌埠双墩：新石器时代遗址发掘报告》，科学出版社，2008年。

[7] 尉迟寺遗址的发掘共进行了两个阶段，第一阶段是1989~1995年，共进行9次，资料见中国社会科学院考古研究所：《蒙城尉迟寺——皖北新石器时代聚落遗存的发掘与研究》，科学出版社，2001年；第二阶段是2001~2003年共进行4次，资料见中国社会科学院考古研究所、安徽蒙城县文化局：《蒙城尉迟寺（第二部）》，科学出版社，2008年。

[8] 游修龄：《中国稻作起源》，《中国农史》1990年第2期。

[9] 曹传松等：《湖南澧县彭头山新石器时代早期遗址发掘简报》，《文物》1990年第8期；裴安平等：《湖南澧县彭头山遗址陶片中水稻稃壳双峰乳突印痕的研究》，《作物学报》，2003年第2期。

[10] 浙江省文物考古研究所：《河姆渡——新石器时代遗址考古发掘报告》，文物出版社，2003年。

[11] 程世华：《论良渚文化原始稻作生产的先进性》，《古今农业》1999年第1期。

[12] 张广胜等：《安徽蚌埠禹会村遗址4.5~4.0 kaBP龙山文化的环境考古》，中国社会科学院考古研究所、蚌埠市博物馆：《蚌埠禹会村》，第215、216页，科学出版社，2013年。

禹会遗址性质探研*

张居中　杨玉璋　姚　凌　崔　炜（中国科学技术大学科技史与科技考古系）

禹会村遗址位于安徽省蚌埠市西、涂山南麓、淮河东岸，南北长约2500米，东西宽约200米，总面积至少有50万平方米；淮河在其西侧向北流过，淮河的主要支流涡河、茨河都在其北面十公里以内与淮河交汇，北距淮河流经的荆涂山口不足十公里之距（图一）。

2007年4月至2011年春，由中国社会科学院考古研究所王吉怀研究员主持，对禹会村遗址进行了5次大规模发掘。经 ^{14}C 测定的年代为距今4140年和4380年，是一处内涵丰富、类型特殊，而且位置值得关注的龙山时代遗址，发掘过程中，发现有2000多平方米的祭祀台基，是淮河流域目前发现并经发掘的最大一处以祭祀为主要内容的遗存，被认为是一处"大型礼仪性建筑基址"。还有不同类型

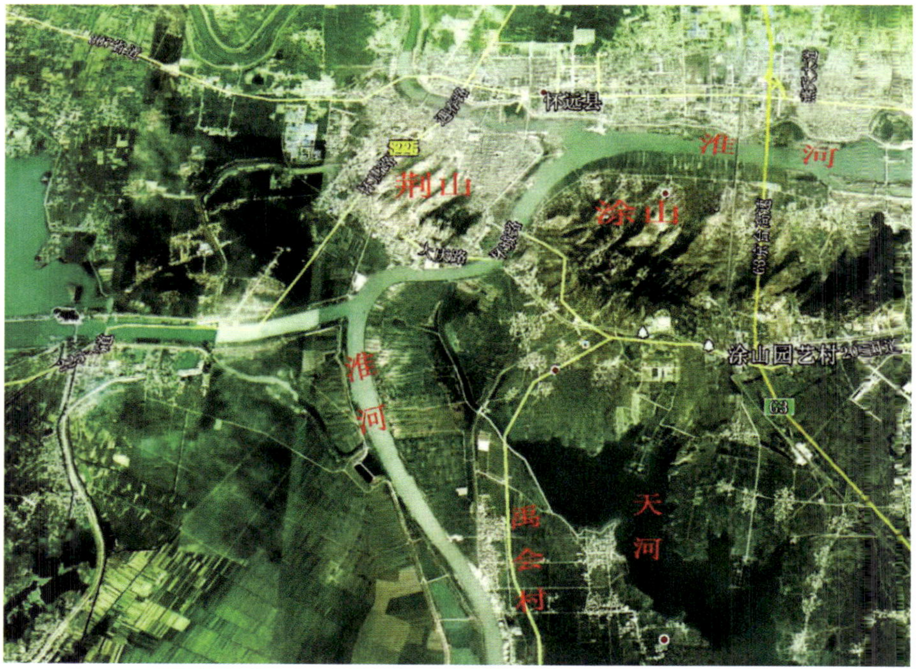

图一　禹会遗址位置

图二　禹会遗址祭祀台基

的祭祀坑、祭祀沟、灰坑、灰沟以及大型简易式工棚建筑等多处遗迹。

2008 年秋和 2009 年秋，笔者有幸带领中国科学技术大学科技史与科技考古系研究生，两次参加了这一重要遗址的发掘工作，见证了这一重大考古发现的部分过程。随后，我所带领的课题组还参加了古环境、微体植物遗存和文化交流的专题研究。相关研究的成果已收入王吉怀先生主编的《蚌埠禹会村》考古报告专辑之中[1]。现将在参加发掘与研究过程中的一些心得奉献给大家，希识者正之。

一　关于祭坛的性质

禹会遗址发现如此规模巨大的祭祀建筑白色土祭祀台，世所罕见，我以为至少有以下几点确实值得重视。

一是它宏大的规模。祭台南北长达 108 米，面积近 2000 平方米（图二），在同时期的同类遗迹中，应是空前的。如果在台子上举办大型祭祀仪式，可容纳几百甚至上千人应无问题。

二是它的形状较为特殊。祭台平面呈甲字形，正南北方向，北部较宽处经大火烧烤，表面砖红色，如果把这一现象视为“燎祭”的痕迹，应不无道理。然而其表面呈凹凸不平状，颇令人费解！难道是当时祭祀活动的参与者在上面举行过类似“摆沙盘”一类的活动？

中间部位还筑一高出平面至少一米多的方柱型“指挥台”，再向南的台基正中间竟然还有南北向一字排开的 35 个柱洞。而这种排列形式的柱子洞，很容易让人联想到联合国大楼门前的万国旗。

三是它的临时性特点。台基除了中间部位方柱型“指挥台”可能系夯筑而成之外，其余均为从周边挖取白色黏土堆筑而成，发掘者已经找到 500 多平方米的取土坑，显系就地取材临时堆铺而成，层与层之间未见明显的夯层与夯窝迹象。在夯筑技术已相当普及的龙山时代，建筑如此规模的大型祭祀台，竟然来不及运用夯筑技术把这一神圣祭坛建得更结实牢固豪华一些，充分显示其堆筑的临时性和功能的一次性特点。

四是祭祀用具的草率性。祭台西侧灰沟内废弃物中的陶器碎片见到的器物如假腹簋等既显示其非同一般的礼器特征，又具有火候低、制作草率，具有当时当地临时仓促烧制的特点，而且用完后即废弃在祭坛西侧的灰沟中，显示其一次性使用的特征。

归纳以上特点可以认为，这一祭坛是专门为一项重大礼仪活动临时堆筑而成的规模宏大的一次性建筑设施，并为此活动专门临时烧制了一次性陶制祭祀用具。可见这次大型祭祀礼仪活动的组织者对这次活动相当重视。如果祭坛上 35 个柱洞分别树立一个代表政治实体的标志，那么就说明这次大型祭祀活动的主持者具有组织和调动至少 35 个政治实体的能力，可见其社会组织和动员能力之强。同时也可说明，当时举行的那次大规模活动可能涉及这么多政治实体的切身利益。那么，这究竟是一次什么性质的活动呢？

二　关于聚落布局和遗址内居住遗迹的性质

1. 聚落布局的松散性

该遗址不同于其他常见龙山时代聚落的规划性和布局特点。虽然聚落遗址规模巨大，分布在淮河东岸，据调查有数十万平方米之多，但却呈片状，没有整体性和连续性，不像普通龙山时代聚落那样，有环壕和城垣，有统一规划的居住区、作坊区和墓葬区。这不由得让人想起 20 世纪六七十年代人民公社兴修水利大会战时各村民工临时集体居住的场所。

2. 居住遗迹的临时性

据发掘报告公布的资料，该遗址已发现房址 4 处、灰沟 5 个、灰坑 53 座以及祭祀坑 8 座。这些遗迹与其他龙山时代聚落的同类遗迹都有一定的差异。

据公布的 4 处房址至少几十平方米，如 F2、F3，甚至数百平方米，如 F1、F4；这些大型房址具有临时性，开间很大、居住面坚硬、但却很简陋，而且未见生活垃圾或很少见生活垃圾。其中 F4 系我带领研究生所清理，是一处横跨 T3009、T3011、T3012 和 T3013 四个探方长达 40 米多开间的大型房屋遗迹，南北宽约 6.5 米，而且距现淮河河床只有几十米。F4 发现迹象主要有：①探方东北部的 4 道倾斜平行分布的白土带状线条，总宽度约 3.5 米，与北壁夹角约 65°，最长的超过 7 米，最宽的达到 0.5 米，判定为房屋基础护土坡的残留迹象。②位于探方中北部的层状土踩踏面，判定为房屋内部的人类活动面遗迹。③位于探方中央部位，踩踏面南部的 3 个呈东西直线分布的黑灰色土圈，均为不规则似椭圆形，直径分别为 84、65、154 厘米，深度分别为 8、7、7 厘米，坑内为较硬的黏土，包含有大量碎陶片，判定为房屋的柱础坑。根据其开间很大，地面踩踏很硬，周围又很少见生活垃圾等迹象可见，这应是一处大型工棚类简易建筑。

据考古报告公布有 5 个灰沟，其中的 HG1~3 均由我带领我系研究生发掘。HG2、HG3 发掘时已是 2009 年冬，因地层结冰，迹象很难把握，但可以肯定是保存较差的房址。2008 年秋发掘的 HG1，保存较好，是一处很像窝棚的小房子，平面形状呈不规则形状。门道位于房址的中部，有一台阶，高度约为 20 厘米。居住面为灰白土堆积，平整、坚硬。居住面北部堆积有成片的红烧土块，应是房屋倒塌后的堆积。靠近西隔梁的部位有大量的陶器残片和木炭，应为灶的遗迹。在房址周围共发现 6 个柱洞，直径分别为 45、45、25、20、45、25 厘米，倾斜角在 10°~15°。这应是一处非常简陋的窝棚式建筑遗迹。但其室内堆积中竟然见到有非常精美、非常典型的蛋壳黑陶碎片（图三）。这表明居住在小房子中的人身份并不比住大房子的人低，甚至还要高一些。

3. 祭祀坑的性质

以上我们认定祭坛西侧的灰沟内出土的大量废弃器物、动物骨骼和粮食等，为祭祀活动之后的废弃物，但散布在居住区内发现的 8 个祭祀坑的性质，则令人颇为费解。这些坑有的为深穴深坑上下叠压埋藏器物，有的为圜底深坑分层抛弃埋藏祭物，有的为平底深坑或平底浅坑单层埋藏器物，但大多为圜底深坑单层抛弃埋藏器物。分上下两层的只有两

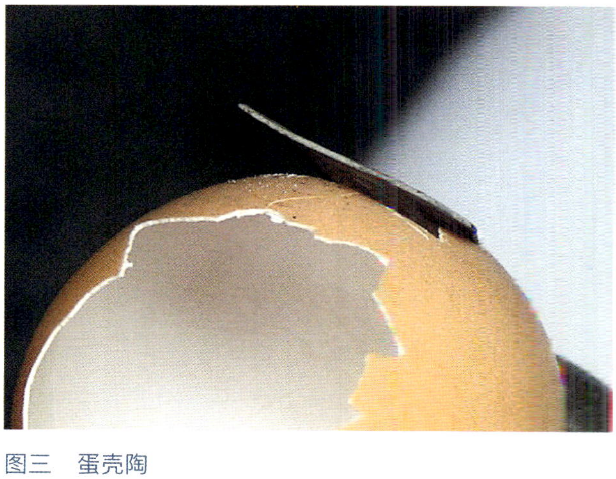

图三　蛋壳陶

例，其余均为单层器物。器物有的细心摆放整齐，有的则是随意弃置。从器物组合与使用痕迹来观察，这些器物与祭祀沟内的器物明显不同，祭祀沟内器物一般火候较低，显然系专为一次祭祀活动而在当地定制的祭祀用品，而非实用器；但祭祀坑内的器物组合中则有炊器、食器、饮器、水器、盛器等，而且明显有使用痕迹，应为功能齐全的实用器组合。根据上述迹象推测，这些器物坑应是其旁边房址的主人，结束某项工作，将要离开此地前，将其生活用具集中掩埋的一次捐弃活动。在此捐弃活动时，很可能也要进行一定的仪式，所以发掘者认定为祭祀坑，也是有道理的。值得注意的是，少数坑有两层器物，表明同一批人在很短的时间内至少来过两次，而且居住在原地，所以才有可能在同一个坑内举行两次同样的活动。

三　关于禹会聚落居民的来源

禹会村遗址的文化因素极为丰富，从其器物组合中侧装三角形足罐形鼎占陶鼎总数的70%可以看出，该遗址的主体属于造律台文化；通过对江苏兴化南荡遗址、江苏高邮周邶墩遗址、江苏南京牛头岗遗址以及上海松江广富林遗址等等遗址的比较，都能找到相同或相似的文化因素。同时，鬼脸形足盆形鼎也占有较大比例，表明在公元前2300年前后，北方文化的南下势头较强，典型龙山文化的因素在这里也占有重要地位。同时这里与良渚文化也有着一定的联系，与长江中游的石家河文化、江淮地区的张四墩文化也都有一定的联系，表现了该遗址与江淮地区同时期诸文化存在广泛的交流。

虽然说该遗址的文化因素涉及苏鲁豫皖鄂大片地区，但是否意味着该遗址的人来自于上述地区呢？

为了解决这一问题，我们曾试图通过遗址中不同发掘区出土的代表较高制作工艺的薄胎黑陶片和普通生活用陶片、显系外来因素的陶片、显系本地烧制的低温陶片的综合分析，试图了解其不同来源和分布范围。

这次试验共选取该遗址发掘出土的陶片样品34片，依陶胎厚小于3.5毫米为薄胎，大于3.5毫米为普通胎，以此为标准，其中磨光薄胎黑陶9片，普通陶器18片，另有普通薄胎红陶3片，普通薄胎灰陶4片。通过分析禹会薄胎黑陶是否存在可以和禹会普通陶器区分开的“指纹元素”，来判断禹会薄胎黑陶产地来源。经过分析，我们认为Li（锂）、Cu（铜）、Zn（锌）、Rb（铷）、Ta（钽）、Th（钍）、U（铀）是反映禹会地区薄胎陶器产地信息的指纹元素。而禹会薄胎黑陶与禹会普通陶器在Ta（钽）等微量元素含量上是较大差异的，它是禹会磨光薄胎陶器的指纹元素。

以一种指纹元素的含量为横坐标，另一种指纹元素的含量为纵坐标，可做出二元素含量的散布图（图四）。从图四可以直观的清晰看出，禹会薄胎黑陶与禹会普通陶器的数据点完全分开，分别集中形成两个相互独立的区域，表明禹会薄胎黑陶和禹会普通陶器在Cu、Zn含量上具有较大的不同，两者应有着不同的产地来源，而从考古发掘情况来看，禹会普通陶器显然是禹会本地生产，而薄胎黑陶应不是在禹会本地生产的，且分布在一个较大的范围内，还至少分为四个小群。

但这些外来因素到底距离禹会遗址有多大范围呢？为此我们又进行了稀土元素分析。为了进一步探索不同地区样品之间的区别，我们做了样品的稀土元素配分曲线图（图五），其横坐标是La（镧）–Lu（镥）各个稀土元素，纵坐标是样品的稀土元素含量与球粒陨石（赫尔曼的22球粒陨石）相应稀土元素含量之比的常用对数值。这种图解消除了因原子序数的奇偶效应造成的个稀土元素间丰度锯齿状变化，最大限度地显示样品在REE组成上的差异[2]。

图五中禹会薄胎黑陶样品配分曲线十分相似，几乎接近重合，表明禹会薄胎黑陶应该产自同一个地方。对比禹会薄胎黑陶配分曲线与大部分禹会普通陶器配分曲线，从稀土元素含量来看，禹会薄胎黑陶稀土元素含量明显高于禹会普通陶器，在配分图上表现为禹会薄胎黑陶配分曲线都在普通陶器配分曲线的上方，这表明禹会薄胎黑陶的产地应与禹

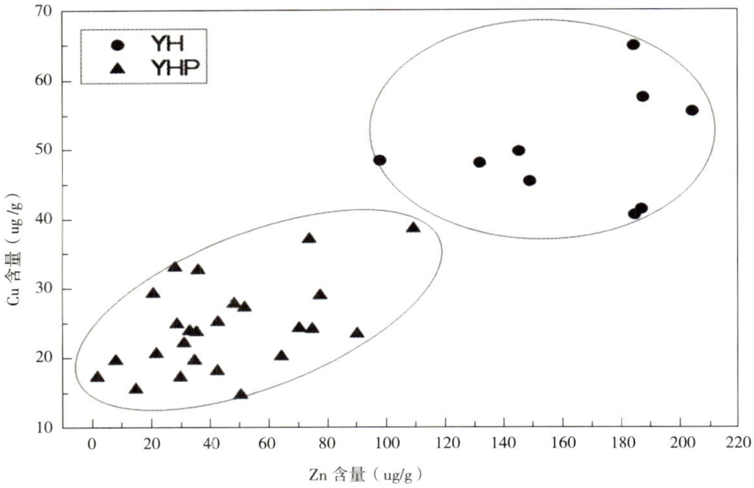

图四　禹会遗址薄胎黑陶和禹会普通陶器主纹元素 Cu–Zn 的双元素散点图

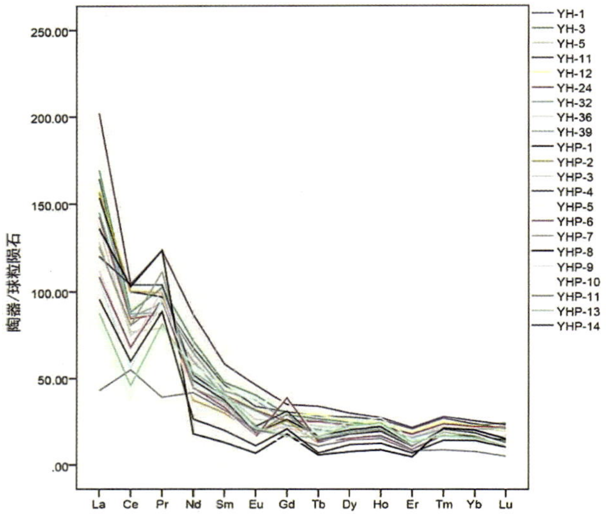

图五　禹会遗址陶器的稀土元素配分曲线

会普通陶器的产地不同，但从稀土元素配分模式来看，禹会薄胎黑陶与禹会普通陶器的稀土元素配分模式很相近，在配分图上表现为二者的配分曲线十分相似，几近平行。说明二者原料来源地点地质环境状况很相似，也就是说禹会薄胎黑陶和禹会普通陶器产地之间相距不会很远，很有可能是距离禹会较近的某个地点。

本研究微量元素分析表明，禹会遗址出土的普通陶器应是禹会遗址本地所产，而薄胎黑陶有着不同的产地来源。稀土元素分析显示，禹会薄胎黑陶产地很有可能是距离禹会遗址较近的某个地点。虽然尚未达到预期目的，但也取得了值得重视的阶段性成果。例如这些标本确实有一部分非本地烧制，表明禹会遗址的居民确有外来者。

淀粉粒残留物的分析结果也表明，薄胎黑陶上黏附的淀粉与通过浮选发现的大植物遗存也不一致。禹会大植物遗存中，共发现农作物种子 55 粒，其中水稻 33 粒，占 60%，而粟只有 2 粒，占不足 0.4%。淀粉粒的研究结果则相反，粟类淀粉占 50%，水稻淀粉仅占不足 0.4%。据本课题组现有研究结果，禹会遗址所在的淮河中游地区，在龙山时代的主业结构为以稻作为主，稻粟兼作的形式，而上述禹会的这一研究结果则令人深思！

本项研究通过对选取的 17 片泥质薄胎黑陶陶片内壁采集样品的淀粉粒残留物分析，显微镜下共观察到了 838 粒植物淀粉颗粒，经与现代植物淀粉粒的形态学对比，鉴定其包含有粟、薏苡、小麦族、水稻族、山药以及豇豆属六种类型的植物淀粉颗粒。

在基本确定淀粉粒分析结果所反映的植物种属信息之后，我们可以结合淀粉粒显微观察过程中所表现出的整体性特征，对其与器物之间的潜在关系，以及与人类行为活动之间的内在联系进行推测和讨论。首先，在显微镜下对淀粉粒提取物的观察过程中，我们注意到，禹会样品中的植物淀粉粒相比之前所做过的新石器早期遗址出土的石器、陶器样品上的淀粉颗粒保存的状况要好很多，未见有糊化的淀粉颗粒，在正交偏光下观察，十字消光臂都非常清晰，另外值得注意的是，在实际接触面积都不超过4厘米×4厘米的陶器碎片上，发现到总计800多粒淀粉，当然如果是现代器物，这个量绝对是微乎其微的，但是相比之前我们在国内其他遗址所做的淀粉粒分析，仅仅是这样小的碎陶片，其单位面积上的淀粉粒数量应该算是比较丰富的了。据此推断，这类陶器中的植物淀粉颗粒很可能并未受到过热加工，与器物之间仅仅是低温接触。通俗而言，泥质薄胎黑陶所制成的陶器应为盛装之用，而非煮炊烹饪之用。在禹会遗址发掘中所发现的泥质薄胎陶，制作工序复杂，可能具有礼器的性质，那么这样便可以从一个方面解释了为什么这批碎陶片上的淀粉粒何以保存较好的原因。虽然所取样的陶片量有限，但是值得注意的是7片来自祭祀坑的陶片上所发现淀粉粒的绝对数量为567粒，而其余10片来自灰坑和探方中的陶片表面发现的淀粉粒绝对数量之和为271粒，抛开三个灰坑中的陶片，在T2025出土的黑陶陶片上仅11粒小麦族类型的淀粉颗粒。不妨假设，泥质薄胎黑陶质地的器物是否专为在祭祀过程中用以盛放粮食祭品的呢？

对禹会遗址出土的泥质薄胎黑陶表面所提取到的植物淀粉种类和数量进行分析时，我们发现，从淀粉粒的绝对数量上看，粟占有绝对优势，小麦和薏苡的淀粉数量也较多，山药、水稻、豇豆属淀粉粒的数量较少。尽管从目前的取样量来看，淀粉粒的绝对数量并不能准确反映出各类植物与泥质黑陶器物接触的频繁程度以及选择优势，但是至少可以说明的是作为北方旱作植物的粟[3]与泥质黑陶器物接触概率较大。前面已经提到，禹会村遗址的文化内涵，兼有中原龙山时代文化以及黄河下游典型龙山文化等多地特点，同时在禹会遗址的发掘中并未发现有大规模完整的陶器制作场所，那么像泥质薄胎黑陶这种表面打磨光滑，器型规整，火候较高的陶器就有可能不是在禹会加工制作，而是由外来的北方部落先民带入的话，那么随之而带来的可能还有饮食习惯以及祭祀习惯。

四　禹会遗址的环境和历史背景

多年来气候环境研究表明，在距今4200年左右，曾经发生过一次世界性的大洪水事件。对禹会遗址ABYT2004探方剖面的多环境代用指标分析发现，在4500~4100aBP这个年代区间，禹会遗址的出现与消失和淮河流域气候因素中的降水有很大的关系，在4600~4500aBP和4100aBP期间发生过急剧的气候变化，指标显示这两个时期气候湿润，降雨量明显增加，导致了淮河流域洪水泛滥成灾[4]。洪水可能就和禹会遗址祭祀活动有密切的联系，那么，由来自以粟作为主聚落的先民携带着祭祀用的器具以及粮食聚集于此这一假设，也就解释了为什么北方旱作农业的粟的淀粉粒在禹会出土的泥质薄胎黑陶表面占有数量上的优势了。当然也不能排除这些器物是专门用来盛放祭祀用粟类食品的可能性。

禹会村遗址坐落于涂山脚下的淮河东岸。涂山一带是古代典籍中记载大禹活动的重要地区，禹会村遗址相传与大禹有关，联系到这里紧临淮河，背靠荆涂二山，村名“禹会”，自然会使人联想到大禹治水、大禹会诸侯的著名历史故事。如果大禹决江导河，疏通淮河流经荆涂二山之间的隘口，肯定是需要动员大量人力物力进行疏导的重要地段。如此重要的大型工程，恐怕不是短时间即可完成的，至少要经过几年甚至几十年之久。为祈求神灵的保佑，那么在开工前和施工过程中，由工程组织者召集所有利益相关方负责人，举行隆重的大规模开工典礼或祭祀活动，就顺理成章了。古籍中有“禹会诸侯于涂山，执玉帛者万国”，“夏之兴，源于涂山”等等记载，可能正是上述活动的史影。这个时期又与龙山时代吻合，正是夏王朝诞生的前夜，也是最关键的时期。可以说，无论禹会村祭祀遗址是否就是禹会诸侯之处，在祭坛上的主祭人是否就是大禹，该遗址在淮河流域文明探源研究中，起到了支撑的作用，则是毋庸置疑的。

综上所述，笔者认为，禹会遗址应是一处为治理淮河某种性质的浩大工程而组织的大量临时人员的居住场所，人员来源范围主要是该工程利益直接相关的禹会周围地区，以及以粟类作物为主要植食来源的距离不太远的至少数十个周边聚落。而其中的祭祀台和废弃的祭祀用具大多为工程开始或其施工过程中，举办某种祭祀活动而临时修建和制作的遗迹和遗物。其主祭者当时在这一带应有很大的号召力和很强的社会动员组织能力。

感谢王吉怀先生和考古所、蚌埠博物馆多次为我们的田野考古实习提供支持与便利。一孔之见，贻笑大方，敬希批评指正。

注 释

* 本文研究得到国家重大科学研究计划“末次冰消期以来中国中东部极端气候环境事件与农业起源发展和人类适应研究”项目（课题编号：2015CB953802）、国家自然科学基金“淮河上中游地区全新世早中期人类植物利用反映环境适应过程”（41472148）、中国科学院战略先导科技专项－“黄淮河地区旱－稻作农业起源与传播”项目（XDA05130503）资助。

[1] 中国社会科学院考古研究所、安徽省蚌埠市博物馆编著：《蚌埠禹会村》，科学出版社，2013年。以下本文引用该书的资料不再加注。

[2] 陈道公、支霞臣、杨海涛：《地球化学》，中国科学技术大学出版社，1994年，第207~208页。

[3] Piperno D R, Weiss E, et al. Processing of wild cereal grains in the Upper Palaeolithic revealed by starch grain analysis. Nature, 2004, 430: 670－673.

[4] Linda Perry, et al. Starch Fossils and the Domestication and Dispersal of Chili Peppers (Capsicum spp. L.) in the Americas, Science, 2007, 315: 986－988.

固镇谷阳城遗址的发掘与收获

赵东升　张敬雷　水　涛（南京大学）
蔡文静（固镇县文物局）

一　前　言

谷阳城遗址位于安徽省蚌埠市固镇县连城镇谷阳村，北隔浍河与县城相望，南距蚌埠市 40 千米，西南距楚国最后都城寿县城 100 千米。周边淮河水系发达，遗址处于发源于豫东南的淮河主要支流浍河和发源于皖北濉溪县的浍河支流澥河的三角地带，起着沟通皖北、苏北和豫东南地区的重要作用（图一、二）。

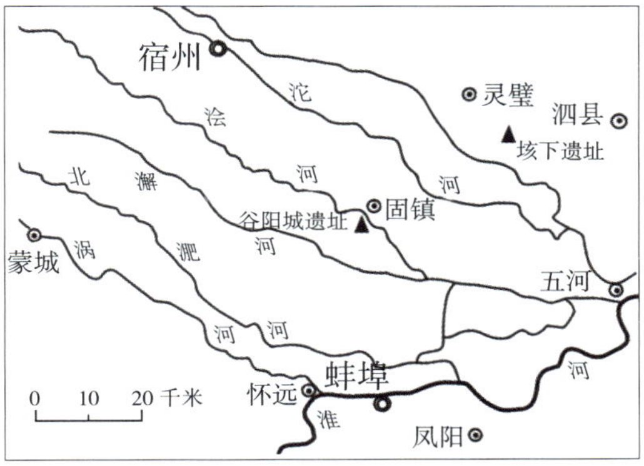

图一　谷阳城遗址位置示意图

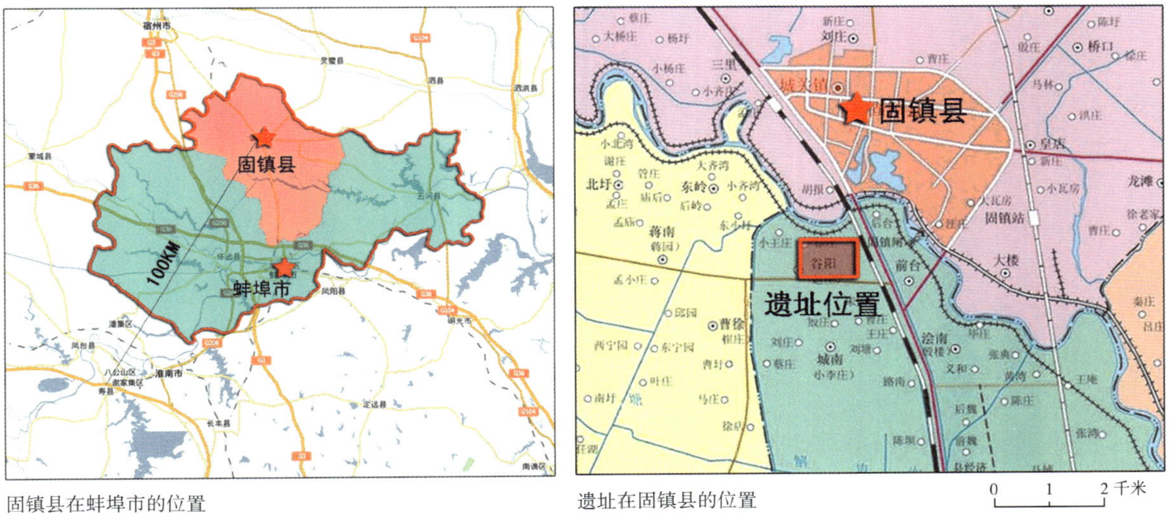

固镇县在蚌埠市的位置　　遗址在固镇县的位置

图二　谷阳城遗址位置图

遗址主体为四方土城，四面城墙保留有平均2~3米，其中南城墙、西城墙保存较好，东南角最高处比城外平地高7米。城墙断面可见夯筑痕迹，城东西长为908米，南北长为899米，城墙顶面宽29米，基宽33米。城外围有护城河，河宽10米。城有四门，均位于各边城墙正中（图三、四）。

据文献记载，谷阳城始建于西汉初，废于唐显庆元年。期间谷阳城作为谷阳郡、阳平郡、阳平县等郡县达862年之久。谷阳城在汉属沛郡谷阳县地，东汉属沛国。南北朝时期，北魏在谷阳城置阳平郡，太和年间改谷阳郡，改谷阳城为谷阳镇，俗称谷镇。北魏武定六年复取谷阳郡，领连城、高昌二县。隋废谷阳郡，仍为谷阳县。唐显庆元年（652年），"省谷阳，入蕲县"。

2004年12月安徽省人民政府将其公布为省级文物保护单位，第三次全国文物普查将其确定为汉城址。

二　谷阳城遗址的工作经过

为配合固镇县的总体规划，更好地保护、开发利用好谷阳城的文物资源，深入了解遗址分布和城址功能布局，也为南京大学考古专业选择教学实习基地做准备，2011年9月，南京大学历史系、南京

图三　谷阳城遗址现存地貌

图四　谷阳城遗址卫星影像

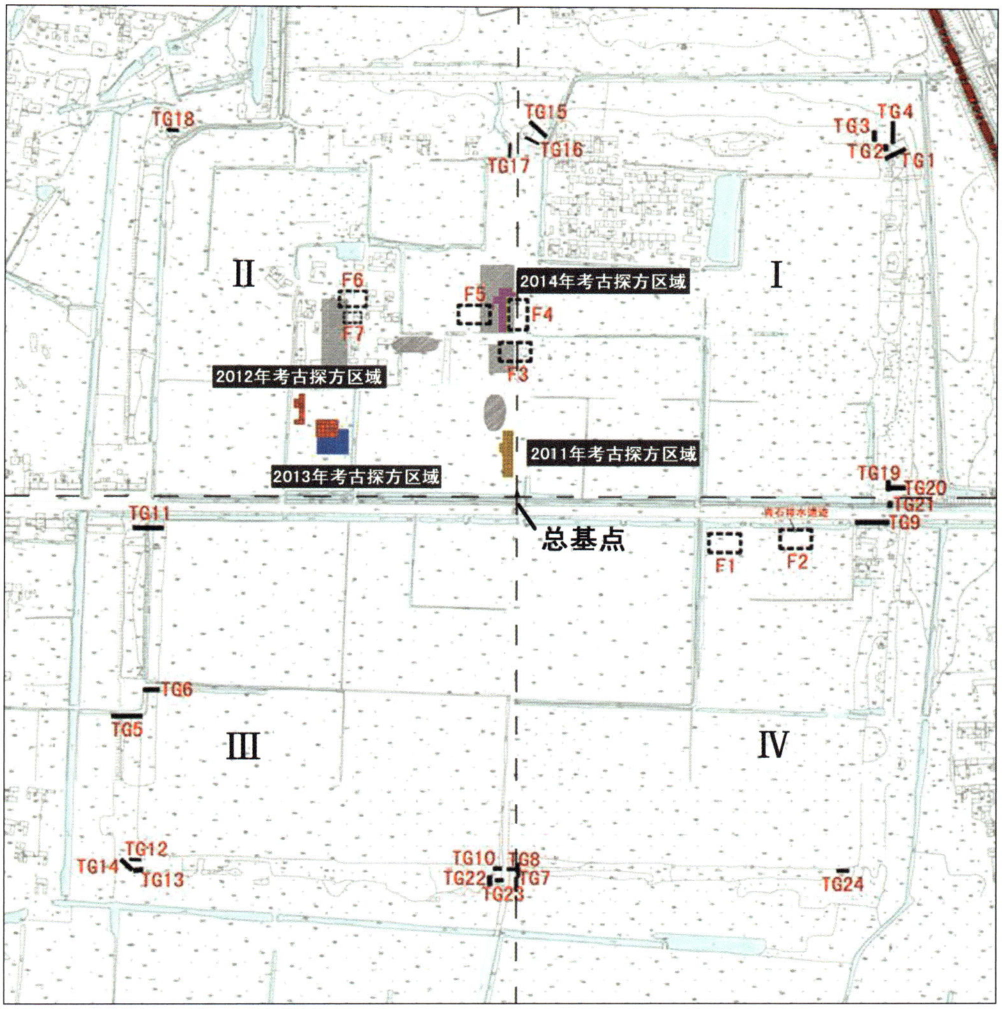

图五　谷阳城遗址发掘和勘探位置图

大学文化与自然遗产研究所与安徽省文物考古研究所联合启动了遗址的保护规划、考古勘探和发掘工作。迄今已完成了对全城及周边的全面勘探工作，进行了四年度共四期考古发掘，发掘面积共 2725 平方米（图五）。

勘探大致弄清了城址的功能布局、范围、城门位置、城墙宽度、护城河位置和结构、城墙建筑的年代等。

发掘出土了大量不同时段的遗迹和遗物，不仅确定了谷阳城遗址即是历史上存在的谷阳县城所在，而且将谷阳城城址的始建年代提前到战国晚期，发现的战国晚期大型的冶炼铸造、建筑、生活等重要的遗存，凸显出当时谷阳城重要的军事和经济地位，这些均修正和补充了史书的记载。

三　谷阳城遗址的发掘成果

1. 勘探工作

2011 年 9 月，第一次勘探工作对 1665 个探孔进行有效记录。勘探证实，谷阳城遗址的遗迹有城垣、外城濠、内城濠、城墙护坡、城门、角楼等；城址内遗迹多位于西北部，包括建筑夯土台基、冶炼区等；在城垣外探明霸王城遗址和墓葬 5 座。

2013 年 9 月，进行了第二次考古勘探和试掘，勘探面积 4000 平方米，发掘探沟 24 条，发掘面积 520 平方米。本次考古获得了谷阳城城垣结构、城门结构、护城壕、城垣内侧的水渠、城内主要建筑区等遗迹的相关资料。其中直接发掘揭露的遗迹有东北角城垣内角、东垣北段的城垣结构、东北角北垣的外边、北门的西侧结构、北门道路和北门外壕、北门内渠、城垣西北内角、西门南侧城垣结构和内渠、西垣南段的城垣结构和外壕内渠、城垣西南角内外角、南门东侧的局部结构、南门西侧的局部结构、东门部分结构和内渠、城垣东南内角等遗迹。

考古资料反映，谷阳城是一个四边长度相近的方形环壕土城，且在城垣内侧设有水渠。城的方向大致呈东北至西南向（方向约为 10°），每城垣的中部均设有城门，城门外两侧均有半圆形马面结构。城墙的建筑年代为战国晚期。

2. 发掘工作

四年四期的考古发掘工作共发掘了 2725 平方米（其中 2011 年 630 平方米；2012 年 750 平方米；2013 年 800 平方米；2014 年 545 平方米）。根据汉代城址的一般布局规律和钻探情况，发掘工作始终围绕着地势较高的位置进行布方发掘，目的是找寻一组高规格的建筑所在。四年度的发掘地点均有高台建筑的迹象存在。除建筑本体外，其他遗迹还有灰坑、窑炉、灰沟、窖穴、灶址、水井、瓮、墓葬、房址、柱洞、排水管道、方形池、陶片堆积、陶范堆积、红烧土堆积、基槽、道路、特殊遗迹等。

（1）地层堆积

四年的发掘工作，确认谷阳城内堆积可分为 6 层，地层的堆积过程多与各组高台建筑的建造和使用以及废弃有关。虽然已确认的三组高台建筑时代并不一致，但地层堆积的时代顺序大体一致。第①层和第②层为近现代耕土层，第③层为新莽至东汉时期地层，第④层为西汉时期地层，第⑤层为战国晚期至秦朝地层，第⑥层为战国中晚期地层。

现以 2013 年发掘区的 2013AGGⅡT4120 西壁为例对地层堆积予以介绍，2013 年度的探方位于一组高台建筑的南部（图六）。这里的第③、⑤和⑥层又分别区分出三个亚层。

第①层：黑褐色耕土层，平均厚度约 12 厘米，包含物有零星瓦片、瓷片及现代垃圾等。瓦片主要是板瓦、筒瓦残片，瓷片有近现代瓷片、明清至民国时期青花瓷片。

第②层：灰白色砂土，深度 12~16、厚度 4~2 厘米。包含物极少，有零星瓷片及铁钉。

第③层可区分为三个亚层，从包含物上看区别不是很大。可见陶器的器型包括筒瓦、板瓦、瓦当、陶罐、陶球、封泥等；铁器多为农具残件，铜器主要包括多种类型的箭镞、车马器残件、印章等；铜钱包括五铢钱、大泉五十、蚁鼻钱。该层下遗迹较为丰富，包括灰坑、灰沟、堆积、基槽、柱洞、水井、道路等。

③ a 层：灰黑色砂土，土质细腻，分布有断续，仅分布于高台建筑之上，深 25~45 厘米，平均厚度约 10 厘米，包含物主要有瓦片、陶片和小件青铜制品等。

③ b 层：灰黑色板结土，全发掘区均有分布，深 30~50、厚 10~45 厘米，含陶片、瓦片、铜器残件、铁渣、铜渣及动物骨骼等包含物。

③ c 层：黄色黏土，仅分布于高台建筑的边缘地带，深 35~80、厚 0~40 厘米，包含物较少，主要为板瓦和筒瓦的残片。

以上 3 层均为高台建筑废弃以后的堆积。

第④层：青灰色黏土，土质细密，较粘。分布于除高台建筑以外的地区，深 40~120、平均厚度约[illegible]厘米。含陶片、瓦片、铁渣、铜渣、陶印章、铜印章、封泥及动物骨骼等包含物。

该层下遗迹较为丰富，其中较为重要的有属于秦朝时期的水井遗迹和附属于高台建筑的柱洞、灰坑、基槽、排水管道等遗迹。

第⑤层也可以区分出三个亚层，⑤ a、⑤ b 层零星分布于高台建筑上和高台建筑周围，⑤ a 层土质推测属于人为的垫土层；⑤ b 层土质属于淤积土，多是在低洼有水的地方淤积形成；⑤ c 层是第⑤层的主要使用时期。该层出土有大量的遗物，铜制品以铜镞、铜殳等小型兵器、印章、钱币和车马器残件为主，陶器主要是各种形制的板瓦、筒瓦，及可复原的钵、盆、豆等器物，还发现有大量的铸造金属制品的石范、陶范和少量铸造青铜礼器的陶范。此层下开口的遗迹有和建筑相关的柱洞，基槽，大片的堆积，大型的灰坑；和铸造活动相关的冶炼炉

图六　2013AGG II T4120 西壁剖面

陶范堆积、红烧土草木灰坑、简易建筑、竹席、水井等等。

⑤ a 层：黄褐色黏土，较硬，深 50~140、厚 0~35 厘米。包含物较少，以瓦片为主。

⑤ b 层：青灰色淤土，土质细腻，纯净，深 55~150、厚 0~45 厘米。包含物以瓦片和陶片为主。

⑤ c 层：灰黑色黏土，深 60~165 厘米，平均厚约 55 厘米。夹杂有较多的红烧土颗粒、草木灰和黄土颗粒。包含物丰富，陶器以陶片和瓦片为主，还有陶印章、陶封泥等；铜器主要是印章、铜镞、车马器残件和蚁鼻钱等。

以上⑤层和④层是高台建筑的使用时期，有些建筑遗迹也打破⑤层，说明高台建筑在使用过程中有过改扩建行为。

第⑥层在整个发掘区均有分布，但 a、b 亚层在个别探方未满方分布，推测可能是古人去高填低活动的结果。⑥层的遗迹主要是堆积和灰坑，相对于晚期地层和遗迹里出土的遗物，⑥层的遗物相对比较单纯，从器型和纹饰上都较晚期遗物简单。

⑥ a 层：黄褐色黏土，夹杂少量灰白色颗粒，土质致密较粘，深 65~175 厘米，平均厚约 25 厘米。包含物以瓦片为主。

⑥ b 层：青黄色黏土，夹杂大量灰白色颗粒，深 75~180 厘米，平均厚约 15 厘米。较为纯净，分布于探方北部。包含极少瓦片。

⑥ c 层：黄色黏土，土质细密，较硬，深 85~190 厘米，平均厚约 15 厘米。包含物极少，仅见零星瓦片。

第⑥层应为高台建筑建造之前生活的遗存，并为建筑而铺垫、整平、夯实等。

谷阳城内是否存在比⑥层更早的建筑有待继续探索。

⑥层以下为生土。

四年发掘的总体情况看，谷阳城内北部地层堆积过程是这样的：战国晚期，人们经过统一规划，在城内西北区域因地制宜铺垫上第⑥层，北高南低，北部较高部分作为建筑高台建筑之用，南部较为低矮的地方建造窑炉、冶炼炉和小型建筑。窑炉和冶炼炉主要为铸造铜兵器和小型车马器之用，所产出的炉渣倾倒在南部的深沟和周围地势较为低矮的地方，形成第⑤层。④层为窑炉废弃后堆积，但此时的高土台上的建筑仍然在使用，因为④层并未覆盖高土台部分。③层为建筑废弃后堆积，基本全方分布。④层之后的高土台建筑发现于 2014 年度的发掘区内，而与此相关的冶炼遗迹发现于 2011 年度的发

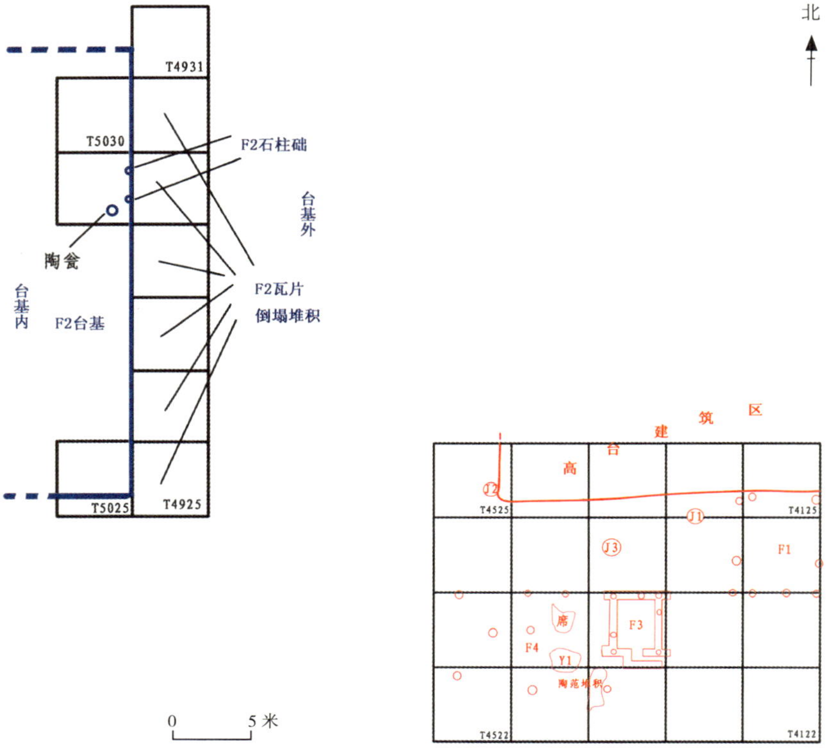

图七　2012 年高台建筑与相关遗迹关系略图

掘区内，只是此时的冶炼已变为冶铁。

（2）遗迹举例

四期发掘中共清理灰坑 148 座、灰沟 11 条、房址 7 座、基槽 15 处、排水遗迹 2 条（其中一条为排水管道）、陶片堆积 45 处、道路 2 条、台基 2 座、墓葬 1 座、陶瓮遗迹 3 个、窑炉遗迹 7 座、水井 4 口、灶 3 座。

因为高台建筑的地势较高，受到晚期的破坏较为严重，除了残留的少量柱础、大型柱坑和倒塌到外围的大量瓦片堆积之外，基本没有其他建筑迹象存在（图七）。

考虑到该遗址战国晚期到西汉早期遗存的重要性，本文的内容也主要以 2012 年度的发掘材料为主进行介绍。

2012 年度发掘的遗迹主要为战国晚期和秦朝时期的。以冶炼铸造、建筑和生活遗迹为主。包括冶炼炉、陶范堆积、房址和水井等。建于⑥层层面上的遗迹单位有房址 F2、F3、F4、水井 J2、冶炼炉 Y1、陶范堆积 D2 等，其中 F2 可见东墙及墙内柱础和墙向外倒塌或作为散水的向东倾斜的瓦片堆积（图八），另在 T5029 东南角发现一瓮，可能是当时建筑内所放的生活相关器物。F3 为带基槽的方形建筑，基槽内见柱洞（图九）。F4 为仅见柱洞的工作棚式建筑，棚内见有冶炼炉和席子（图一〇）。J2 残存 10 层陶井圈，每层井圈高 55 厘米（图一四）。Y1 仅残存部分炉壁和炉底（图一一）。陶范堆积 D2 为长条形，以铸造铜镞的范土为主（图一二）。

建于⑤层层面的遗迹单位有水井 J1、J3、房址 F1 等。J1 深 4.5 米，出土陶器以高领折肩罐为主（图一三）。J3 深 4.62 米，出土陶器既有高领折肩罐，也有高领圆肩罐（图一五）。F1 为仅见柱洞的棚式建筑。这几处遗迹的年代处于战国晚期至西汉早期之间，J1 所出的高领折肩罐与关中地区秦墓中所出完全一致。

（3）遗物举例

出土遗物主要有陶器、铜器、石器、铁器等。陶器器形可见筒瓦、板瓦、半瓦当、圆瓦当、罐、豆、瓮、纺轮等；青铜器器形可见印章、带钩、鱼钩等生活

图八　房址 F2 东墙倒塌情况

图九　房址 F3

图一〇　房址 F4 竹席遗迹

图一一　冶炼炉 Y1

图一二　陶范堆积 D2

图一三　水井 J1

图一四　水井 J2

图一五　水井 J3

用器；箭镞、弩机部件等兵器；泡钉盖弓帽、当卢等车马器残件。石器有磨盘、柱础、砺石器等。铁器有凿、刀、釜等。在出土器物中，以建筑材料尤为值得注意，主要有云纹方砖、筒瓦、板瓦、瓦当和小砖等（本文中器物均未标明考古编号）。

印章：共发现5枚。其中铜印4枚（图一六～一八），陶印1枚（图一九）。

封泥：出土数量较多，较完整者有4枚（图二〇）。

瓦当：数量较多。战国时期多为素面半瓦当，汉代多为云纹瓦当（图二一）。

筒瓦、板瓦：数量很多（图二二）。

钱币：出土较多，主要有蚁鼻钱、五铢钱、半两钱、大泉五十、货布等（图二四）。

陶器：器形有罐、豆、拍、钵、纺轮、陶塑等（图二三、二五～三二）。

青铜器：日常生活用器有带钩、鱼钩、削等；兵器有铜镞、剑格等；车马器有当卢、盖弓帽、泡钉、铜泡及其他构件（图三三）。

陶范和石范：以铜镞范为主。完整的铸范分为三层，三层合体的周缘涂以耐火材料密封，留有浇水孔和气孔，每层设8枚，共24枚铜镞。也见有青铜礼器的纹饰范（图三四、三五）。

文字陶片：本次发掘发现若干带有文字的陶片和瓦片，可辨认的文字有“宗”“函”“宫”等（图三六）。

图一六 “縠易之玺”铜印

图一七 “朱诩私印”铜印

图一八 无印文铜印

图一九 “城阳都玺”陶印

图二〇 封泥

图二一　瓦当

图二二　筒瓦、板瓦

图二三　陶水管

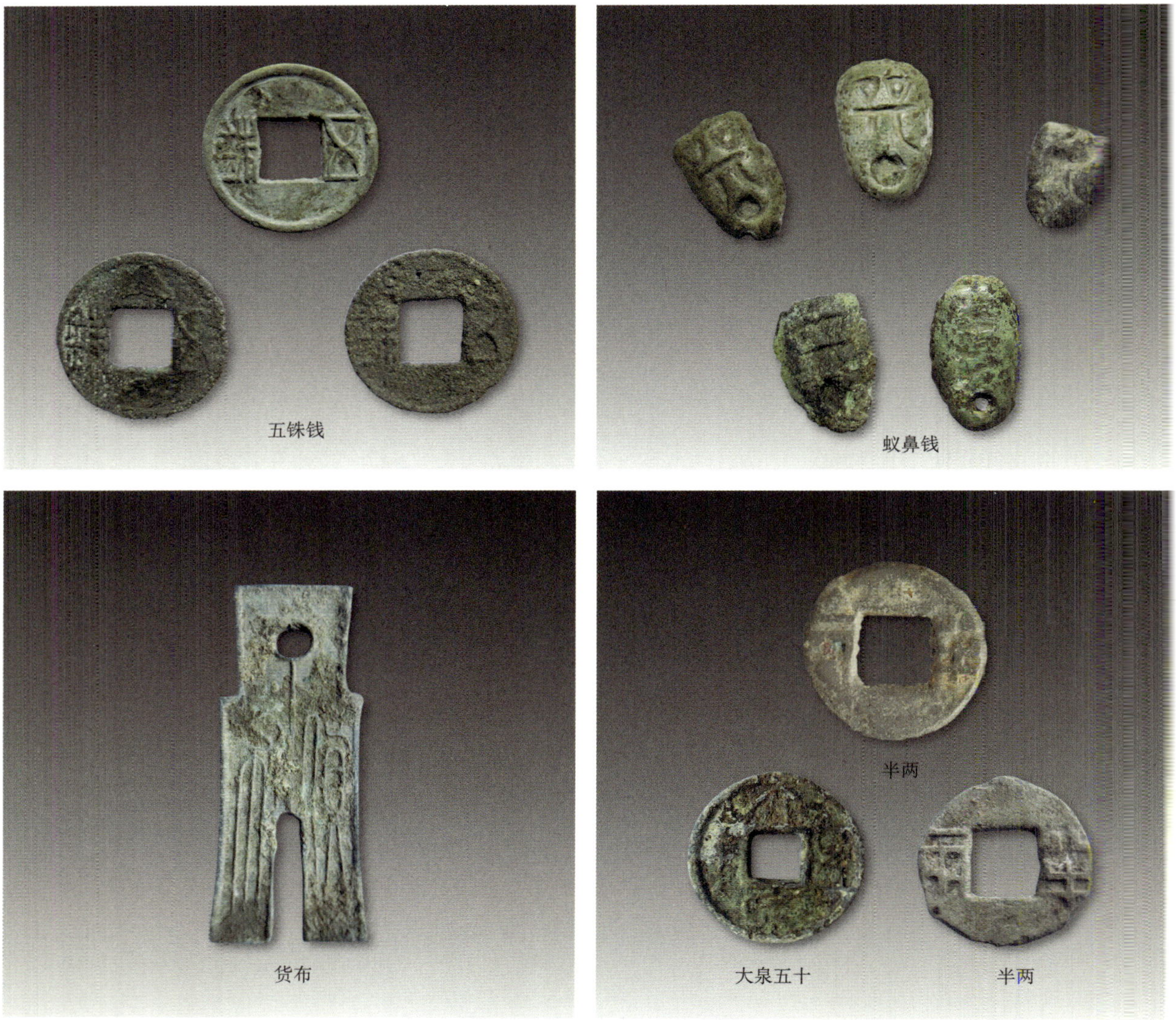

图二四　钱币

图二五　陶纺轮

图二六　陶塑

图二七　陶盆

图二八　陶罐

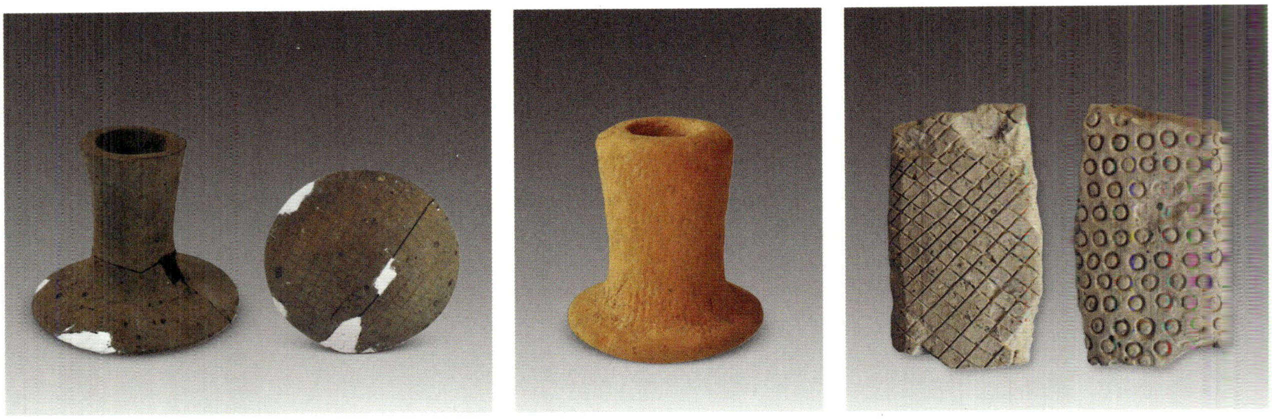

图二九　陶拍

图三〇　陶豆

图三一　陶匜

图三二　陶仓

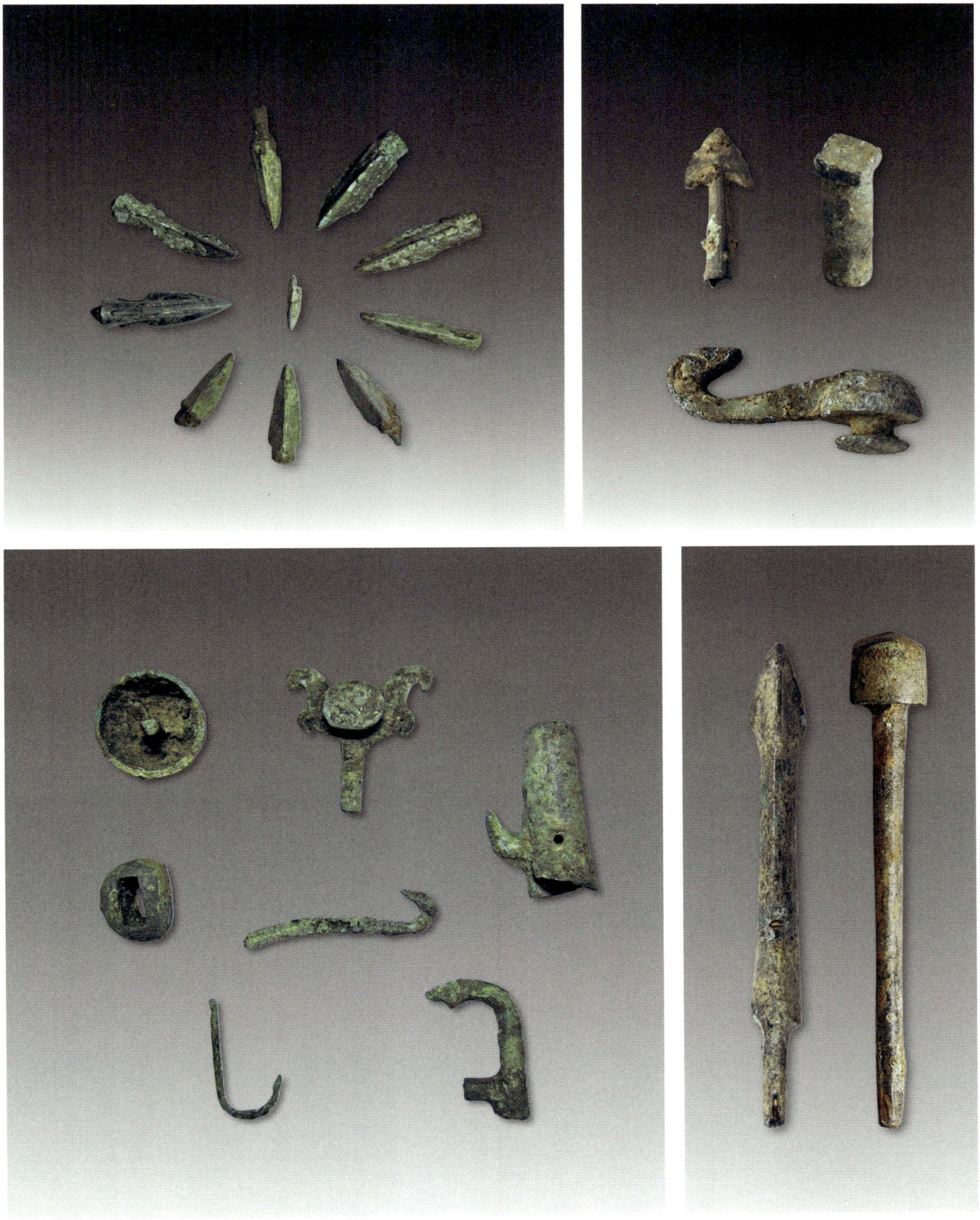

图三三　青铜器

图三四　陶范

图三五　石范

图三六　带有文字的陶片和瓦片

四　谷阳城发掘的重要意义

经过四年连续的考古勘探和发掘，对于谷阳城我们可以得出以下认识：

1. 谷阳城遗址的最早始建年代不是文献所记载的西汉初年，而是战国晚期。

2. 谷阳城存在一个自西北向东和东南变迁的过程，越往城西遗存的年代越早。战国晚期至西汉早期的遗存主要集中在北部偏西，而东汉时期遗存主要集中在北部偏东。另外，我们在城北部的发掘没有发现晚于东汉的遗存，这与文献记载不符，是否东汉以后遗存转移到城南，还有待继续发掘研究。

3. 人工堆砌的高土台肯定与大型建筑有关，只是由于发掘面积的限制和后期破坏较严重的原因，未能发现与此建筑相关的遗迹，但遗迹中出土的带有“函”“官”“宗”“千”等字样的陶片和筒瓦，说明这些建筑具有官府性质。

4. 使用堆积中出土的大量不同形制的兵器和车马器以及陶、石范和较多的炼渣和红烧土遗存说明在谷阳城建设之初很有可能是作为官办的手工业场所。并且可以说明战国晚期到西汉时期的谷阳城无论在政治、经济和军事上都具有举足轻重的地位。

5. 淮北地区处于中原和东南地区的中间地带，自古至今都具有极其重要的战略地位。尤其是战国晚期到西汉初期的楚汉纷争阶段，更是具有举足轻重的地位。此城址的调查和发掘为认识此地区县级政权的布局和结构具有重要的作用，同时，也为认识当时的政治格局和社会演变提供了重要的线索。

双 墩

淮河文明之光

张　东（中国社会科学院考古研究所）

双墩村，一个二百余户人家的淮上村庄，以村子中央两个高大的封土堆而得名（图一～三）。封土距地表高度超过 9 米，底部最长径达 70 米。百姓心目中，这么浩大的工程绝非人力所能为，因此大家更情愿相信“二郎神担山撵太阳”的传说，算是给了一个扑朔迷离的解释。这是一个流传很广的神话传说，二郎真神为何追赶太阳已不可考究，杨二郎由于奔跑疲惫，在岗上正好歇脚，磕出鞋中土坷垃，便形成了这眼前的“双墩”。历史的真相经由考古学家揭示出来，双墩村见证了淮河文明辉煌的历史，如今双墩新石器时代遗址和春秋钟离君柏墓均已列入全国重点文物保护单位。

双墩也是小蚌埠一溜十八岗之一，其他如[illegible]虎岗、太平岗、丁家岗、王家岗和大岗子也都发现有墓葬群或古遗址。晚更新世以来，淮河北岸的下蜀黄土经过水流的剥蚀形成了一条断续的岗地，十八岗成为古淮水和淝水之间的天然分水岭，是蚌埠早期文明的载体。

图一　双墩村地理位置图

图二　一号墓封土（墩）外貌

图三　二号墓封土（墩）外貌

图四　20 世纪 90 年代考古发掘照片

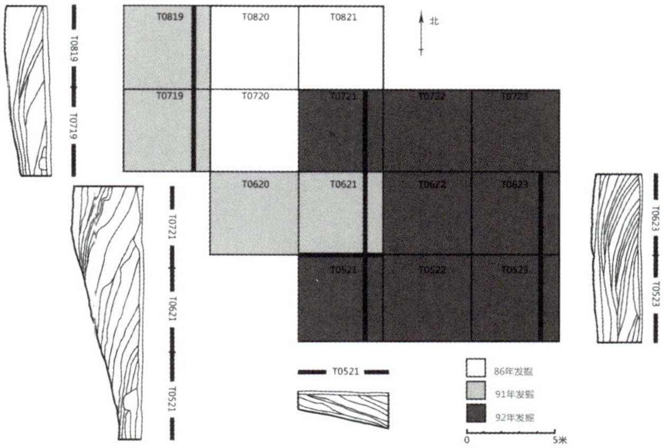

图五　历年发掘探方堆积结构

一　史前聚落

1. 考古发现历程

1985 年 11 月，蚌埠市博物馆在文物普查时于遗址上发现了新石器时代的陶片和石器。鉴于当时遗址正面临严重破坏，1986 年秋，蚌埠市博物馆立即组织了抢救性的考古试掘，出土遗物时代特征相当早，引起了学术界的关注。1991~1992 年，安徽省文物考古研究所为配合国家文物局“苏鲁豫皖先秦考古重点课题”，阚绪杭先生主持了两个季度的考古发掘工作（图四、五）。

历年的考古发掘出土了大量陶器、石器和骨角蚌器，以及内容丰富的器底刻划符号，极大地扩充了学术界对淮河流域新石器时代中期文化面貌的认识，并由此提出了“双墩文化”的命名。

近年来，蚌埠地区收获了一系列重大考古发现，如垓下大汶口文化城址、禹会龙山文化祭祀基址和春秋钟离君柏墓等，蚌埠市已成为研究淮系文化和淮河流域古代文明化进程的重要区域。2013 年，中国社会科学院考古研究所得到蚌埠市人民政府支持，筹划成立淮河流域古代文明研究中心，旨在加强淮河流域古代文明和社会演进的相关研究。在中国社会科学院考古研究所王巍所长的倡导下，“淮河中游史前聚落考古研究”课题立项。2014 年 10 月，“蚌埠双墩新石器时代遗址二次考古发掘”项目启动（图六）。

2. 中国文字之源

20 世纪 80 年代以来，双墩遗址历年来采集、

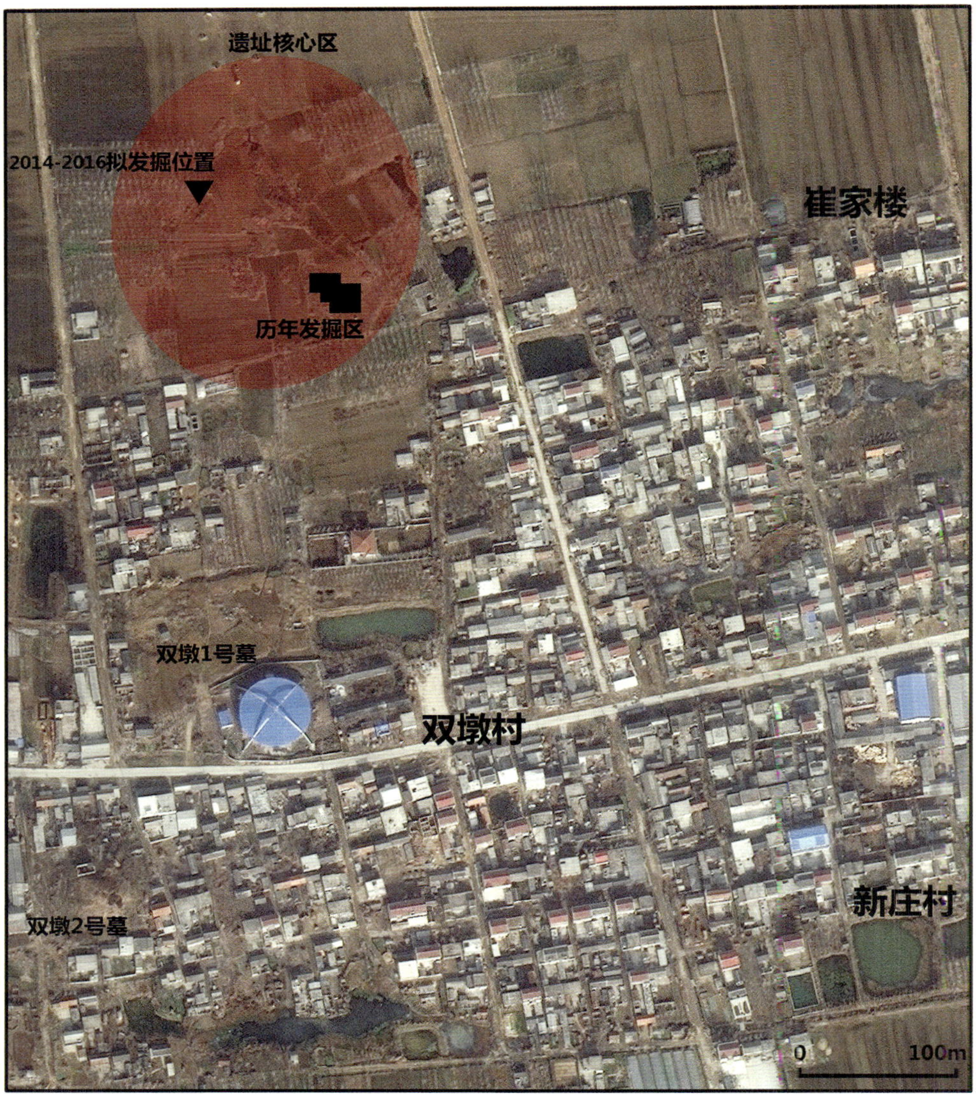

图六　双墩遗址考古发掘区域示意图

发掘出土有刻画符号600余件。陶器是刻画符号的载体，绝大多数符号表现在陶碗外底部、圈足内。陶碗底部刻划或拍印刻画符号，外腹部还刻划对称的放射线，从刻划痕迹观察，应是器物烧成后有意为之，可能是在陶碗使用过程中表现某种特殊意义，起到某种标记作用。

这批刻画符号体现了双墩原始象征符号体系的全貌，符号结构复杂、象征性强，有单体、两个或两个以上的重体符号（不同符号进行组合形成的表意符号）。符号以象形为主构图，以鱼形、猪形、植物、房屋、太阳为主，笔画精炼。方形（或弧边方形）、三角、网格和圆圈类几何符号数量也相当多，这类符号不仅仅是几何形式，还具有某种象征意义（与其他符号组合出现）。有的符号还象征了聚落生活，如狩猎、捕捞等（图七～九）。

双墩文化的刻画符号数量非常多、内容丰富、时代较早、重复率高，有的能够进行复合表意，应视为一种原始的文字系统。双墩文化其他遗址中也发现有类似的刻画符号，说明这套符号文字系统还有一定的地域流通性。有学者将双墩刻画符号与甲骨文单字进行形态对比，发现两者之间存在很强的一致性，由此可将双墩原始符号系统可以作为中国文字的主源之一。

图七　双墩文化刻画猪形符号

图八　双墩文化刻画钩形和水波纹符号

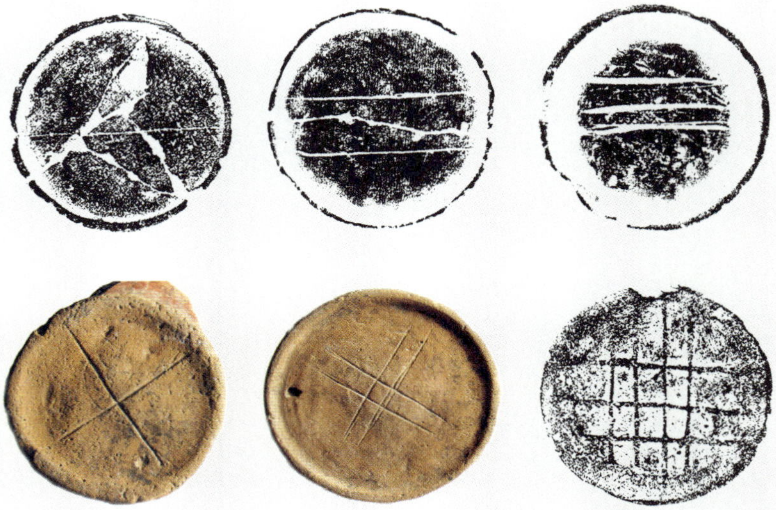

图九　双墩文化刻画数字叠加类符号

3. 史前器具工艺

陶器是双墩聚落中最常见的器具，因为尚未掌握陶窑技术，双墩人在陶土中使用了复杂的羼和料，这些羼和料有植物茎叶、粗砂、蚌末和云母等。制好坯的陶器经过晾晒以后，堆叠在浅坑内，覆上柴草直接烧制，烧好的陶器表面往往色泽不太均匀。露天堆烧的技术如今还可以在一些少数民族地区见到。陶釜、甑与支脚组合是双墩人主要的烹饪器具，这套蒸煮炊具逐渐被更方便使用的三足陶鼎取代（图一〇、一一）。另外，陶罐主要用于盛储，而陶豆、陶钵和陶碗用以盛食。

拥有一套得心应手的工具会使史前生活便利许多，石器时代最先进的工具就是磨制石器。双墩聚落选址于河湖湿地，石料资源获得相对不易，石器加工也较为粗放，打制成型，磨制简单。常见的石工具有石斧、石锤、石球、砍砸器、研磨器和砺石（图一二）。

遗址出土骨角蚌器数量众多，多为动物肢骨、

图一〇　双墩文化主要炊器组合（陶釜 + 陶甑 + 支脚）

图一一　双墩文化三足陶鼎

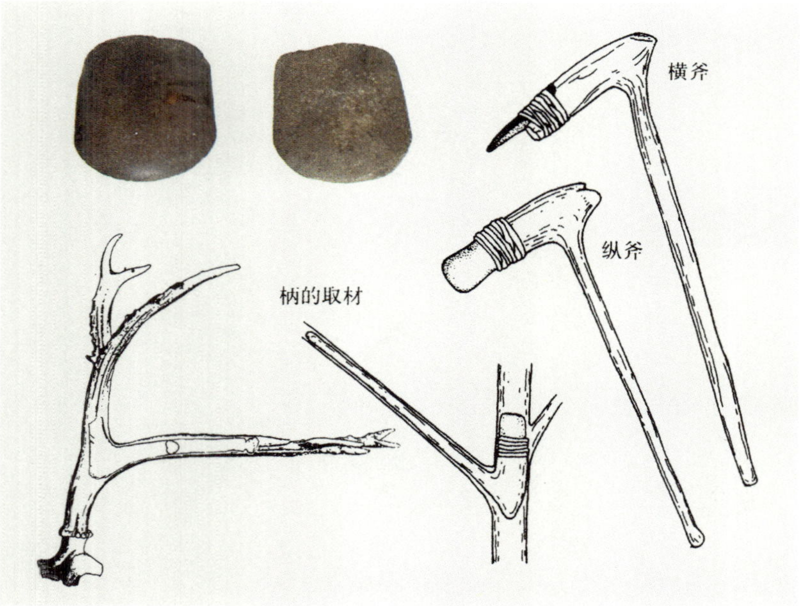

图一二　双墩文化石斧捆绑方式示意图

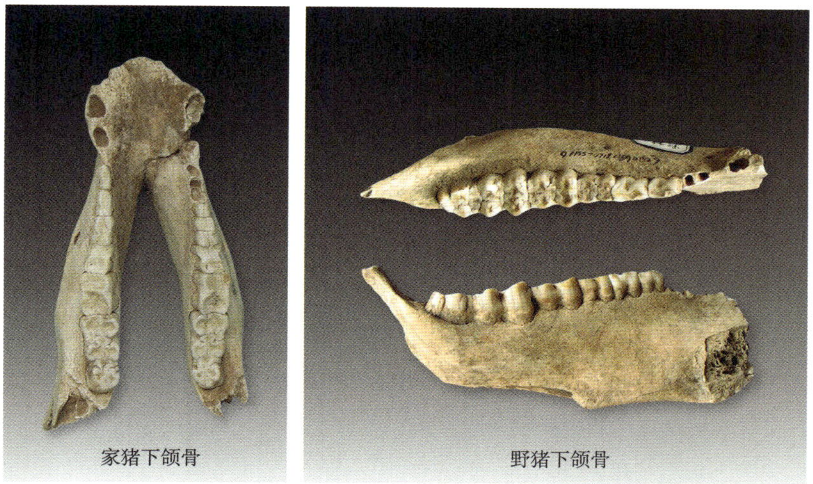

图一三　双墩遗址出土猪下颌骨

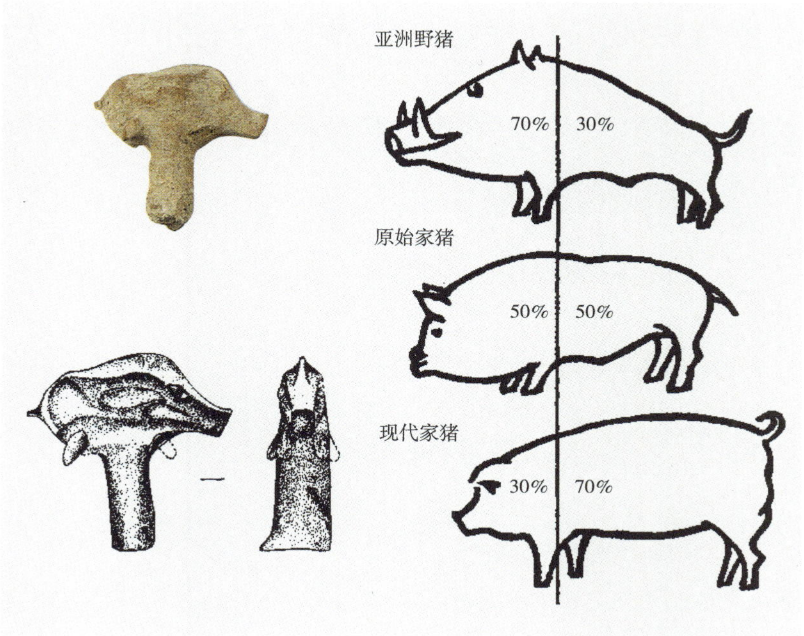

图一四　双墩遗址出土的猪形陶塑及猪驯化特征

鹿角和厚蚌壳制成，包含有骨锥、骨笄、骨针、骨匕和鹿角靴形器，以及数量众多的蚌刀。双墩人制作骨角蚌器的工艺相当高超，采用锯切或砍折进行初步加工，而后采用磨砺、雕刻、抛光和钻孔等技法进行细加工。

4. 大自然的馈赠

距今七千年前后是全新世气候最适宜期，淮河北岸的黄土岗地周边分布着河湖洼地，水草丰美，鱼鳖游弋。岗地上遍布丛林，野生动物栖居其间。鹿科动物和野猪是双墩人主要的狩猎对象，捕获的动物在消费不完的情况下，往往会选择幼崽圈养起来，这也是储存肉食的绝好方式，许多现代狩猎民族也都有过类似经历。在这个过程中野兽被驯化为家畜，不仅体现了人类对肉食资源管理和有计划控制，也是人类生存知识进步的表现。野生动物被驯养以后为人类提供了稳定的肉食资源，拥有家畜的数量是生活富裕程度的明显标志（图一三）。

猪和狗是伴随双墩人日常生活的家畜，从出土猪下颌骨的骨骼形态判断，有相当数量猪为人工圈养的，遗址内出土的猪形陶塑也反映了这一现实（图一四）。而狗的粪便迹象在遗址内随处可见，豢养的家犬是平时狩猎活动中重要的帮手。

从双墩发掘出土的动物遗骸数量来看，最为常见的还是水生动物。遗址内出土了大量鱼骨、螺蛳和蚌壳，种属相当丰富。连狗粪中也夹杂有鱼骨碎片，可见水生肉食资源的丰富程度。另外还有爬行类动物，如龟、鳖和扬子鳄等，鸟类有鹤、鹮等（图一五 ~ 一七）。

遗址内发现破碎骨骼占总体的99%，研究者指出其原因一方面是人们敲骨吸髓时砍砸所致，同时有火烧和自然风化的现象；另一方面是人们利用骨料制作骨角器产生的废料。骨器的原料就来自狩猎的动物，而且骨料加工方便，简单加工即可得到所需形制的工具，骨镞、骨镖反过来又成为重要的狩猎工具。

5. 双墩史前先民

为了美观、卫生或意识形态的理由，把自己修饰起来，这是人类的本能。双墩人对于何者具有吸引力，何者没有吸引力，有明确的见解，而且从不放过自如地表现自己风韵的任何机会。双墩人在描画自身形象时往往对清晰的眉目非常看重，陶塑纹面人头像显现了面部和额头的身体装饰。纹面不仅体现了史前人类的宗教观念，也包含了审美志趣和社会身份的表达（图一八）。

光滑的猪牙、精美的石子，抑或是骨片都可以简单加工成装饰身体饰品。古籍文献上说，史前时代人们最早以鸟羽和兽皮为衣，这在舒适程度上大

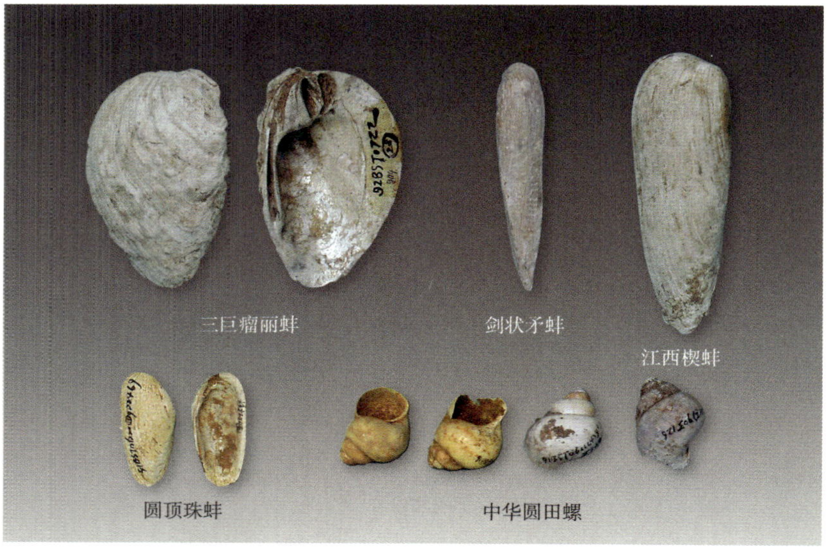

图一五　双墩遗址出土的螺蚌种类

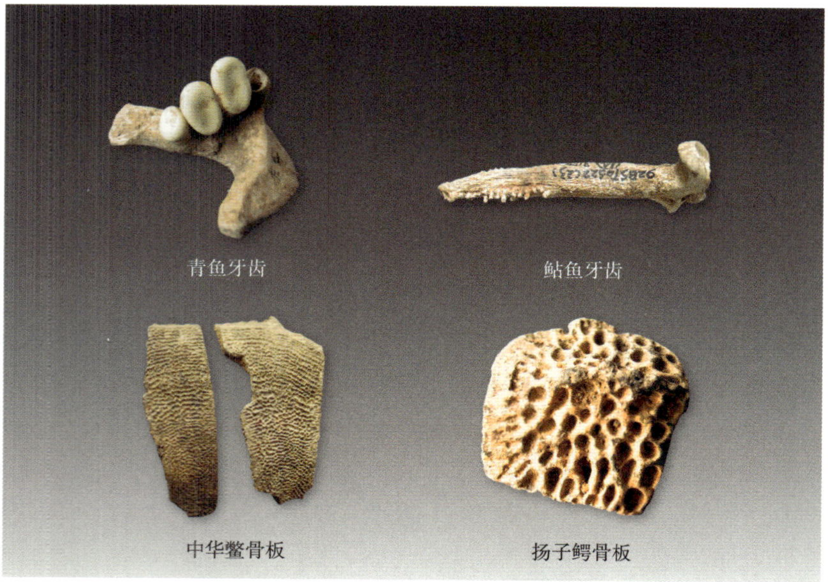

图一六　双墩遗址出土鱼鳖类骨骸

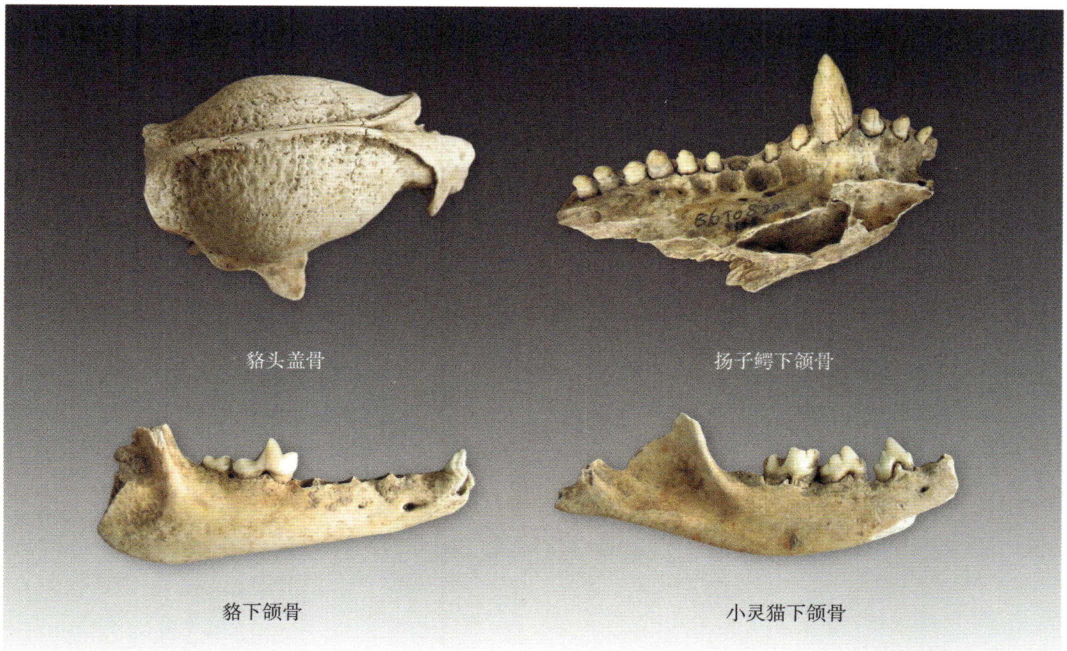

图一七　双墩遗址出土的野生动物骨骸

图一八　双墩遗址出土的人物刻画形象

不如丝麻和布帛类衣物。双墩遗址中不乏与纺织有关的器具，纺轮、骨锥、骨针体现了纺绩和缝纫的行为。骨笄（笄为束发器，汉代以后称之为簪）则反映史前人们对长发的打理，这种动物肢骨磨制的简单束发器在遗址内数量众多。

二　国君葬仪

1. 钟离春秋

淮河北岸的高岗上正在举行钟离国国君嬴柏的葬礼，仪式庄严肃穆。嬴柏生活在春秋中、晚期之际的钟离国，淮河流域方国林立。嬴柏继承了父亲的爵位成为钟离国中兴君主，在有生之年将这个淮河岸边的小国经营的相当繁盛。此时的钟离国已地跨淮河两岸，由数个城邑组成，都城位于今天凤阳县临淮关以东（图一九）。无论是面对南方的群舒小国，抑或是北方强大的徐国，嬴柏都毫无畏惧。俘获自徐王容和徐子白司此的青铜戈，对他来说是赖以夸耀的战功和收藏品，他自豪地在青铜戈上刻上“钟离公柏获徐人”的铭文。嬴柏一生都未摆脱戎马倥偬，春秋晚期钟离国始终在楚国和吴国争霸的夹缝中生存，最终难逃灭国的厄运，被强楚吞并。

图一九　钟离故城卫星影像

2. 营建陵寝

一代钟离国君四十多岁便英年早逝，死后归葬在距都城三十多公里的淮河北岸黄土岗上，这是尚未解开的谜团。这片岗地背靠荆涂二山，面向广袤的淮北平原，是钟离国的北境，很可能是钟离国王室一处很重要的陵区。新继任的国君嬴康是嬴柏的第四子，为彰显父亲的文韬武略，遵父亲遗愿营建了浩大陵寝。

筮地、卜日之后，有专门的官员负责墓室的营建。墓旷开口直径 20.2 米，深 7.5~8 米，有 8 米长阶梯墓道，墓坑 2 米下有宽约 2 米的生土二层台，圆形墓底直径 14 米。墓坑挖至黄色粉砂层开始营建国君的栖身之所，圆形墓坑底部直径 14 米（图二〇）。营建墓室的工程量很大，数百人的役徒日夜兼工。

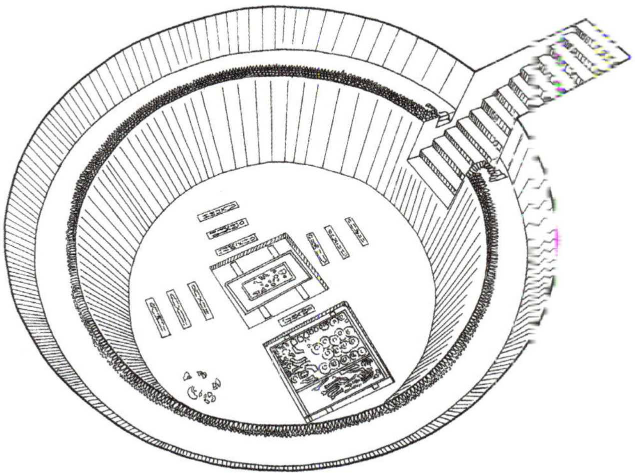

图二〇　钟离君柏墓透视示意图

3. 奢华葬礼

嬴康遣专人向同姓方国和盟国告丧，吴、楚等国都派使臣前来吊唁，并一同参加钟离国君的葬礼。嬴柏入殓后，亲属服丧，送葬的队伍浩浩荡荡，一路上哭祭声不断。

视死如生，国君死后用度比照生前，容器内装满了酒食，礼乐（编钟、编磬）和兵器伴随嬴柏了一生，还有青铜工具和车马器具都是生前常用的。各国使臣们带来的赗赙财物，以及专门制作的下葬明器一同落葬。主棺椁居于墓室十字形正中，东、西、北侧均有三具殉人木棺，南侧有一殉人木棺和南椁室中的器物箱与动物箱两个。国君生前所用之物主要放置在南椁室的器物箱内。器物种类有青铜器、漆器、陶器、玉石器等，还有少量蚌、海贝、金箔饰件等 300 余件（图二一、二二）。动物箱内放置的是下葬时祭祀用的“太牢”。

4. 死后世界

落葬礼完成以后，墓穴内填沙防盗，上层用五色土填筑。填筑至生土二层台时开始构筑墓室顶部象征天象的部分。首先是沿着生土二层台内边一周用“土偶”垒砌 3 至 4 层，高 40 厘米左右。有学者考证是大地边缘的土埂，防止人们走到方形大地边缘掉下去，起阻挡作用。环绕圆形墓坑一周构建大小不同 18 个土丘，土丘内侧的墓葬填土中夹杂着 1000 多个“土偶”，这些“土偶”应当是某种象征性构造的部件。接近墓口时，墓室顶部的结构显现出来（图二三、二四）。墓口以下 60 厘米有深浅不同的五色土构筑 20 条放射线遗迹，由中间向四周呈辐射状。这可能象征了太阳的辐射光芒或古人对天空中的星座分区。

天宇式的墓葬结构开创了一代钟离国葬俗新风。环绕墓口构筑一层直径 60 米，厚 30 厘米的白土垫层遗迹，这层白土同时涂抹在墓坑壁上，俯视整体呈一个洁白而气势恢宏的玉璧形状。整个墓室所反映的陵寝结构都是为钟离国显赫一时的君主营造一个死后的世界，这个世界象征着国君生前时空。封土之下，借助这样的墓葬结构，一代枭雄开启了升天之旅。钟离君柏墓的墓上封土高达 9.5 米，南北 60 米，东西 80 米。墓葬封土是身份等级的象征，死者墓上封土不仅反映了死者生前社会地位，也凸显了死者家族的社会调度能力（图二五）。

三　双墩村古今

史前聚落和春秋钟离国君墓只是双墩村过往历史的两个闪光点，考古学家还发现钟离国君墓选址的区域是一处小型的商代遗址，如此浩大的营建工程将遗址破坏殆尽，仅留下些许生活遗迹。除了商周遗址、东周墓葬外，汉代至今，这片岗地上均有人类活动。如今，双墩村居民以姚姓为主，姚氏一族至少在明

图二一　钟离君柏墓随葬青铜罍

图二二　钟离君柏墓随葬金箔饰（附着于器物上）

图二三　钟离君柏墓顶部营建的天宇象征

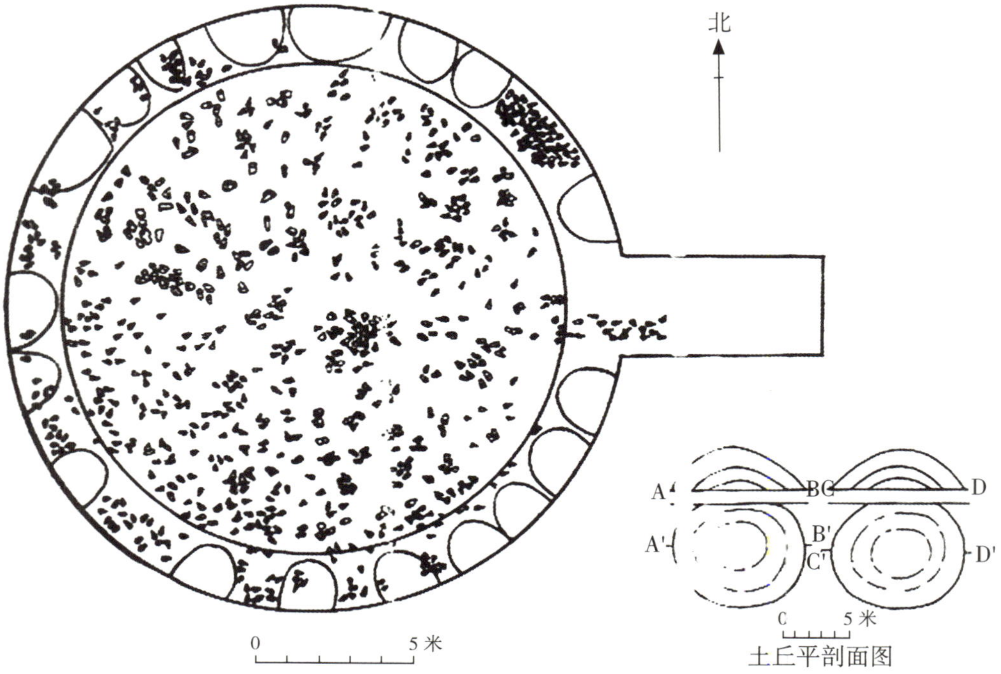

图二四　钟离君柏墓顶部营建的天宇象征

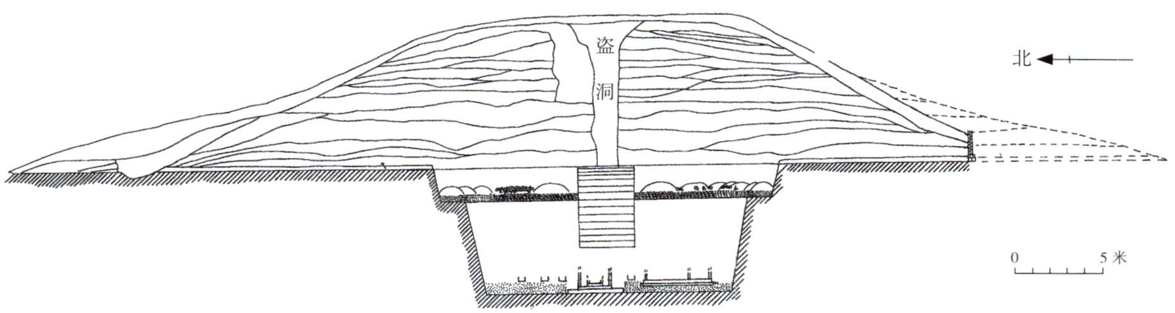

图二五　钟离君柏墓封土结构

末清初已经在此定居（一号墓封土旁有清康熙“怀远大将军姚季泰”墓）。晚期居民的生活和埋葬往往扰动早期的遗址，最典型就是直接挖掘在双墩春秋墓上的雷达站。20世纪70年代，解放军某部推平了双墩墓的顶部，搭建了雷达站，并在封土上开挖了军事设施。阴差阳错的是，军事设施所用的建筑材料来自凤阳明初中都城，许多城墙砖上印有铭文，说明其产地。而春秋钟离故城正位于明中都城的东北郊，时间这部压缩机展现给我们的不仅是层叠的历史，还有息息相关的空间联系。文物是民族历史不可替代的象征与见证，承载着珍贵的历史信息，一旦被毁就再不可追回，在城市化和城镇化浪潮下的今天，我们不能坐视绵延数千年的淮河文明之光被砖瓦和坟丘吞噬。

参考文献

1. 文物研究编辑部：《苏鲁豫皖考古座谈会纪要》，《文物研究（第七辑）》，黄山书社，1991年。
2. 阚绪杭：《蚌埠双墩遗址发掘与收获》，《文物研究（第八辑）》，黄山书社，1993年；安徽省文物考古研究所、安徽省蚌埠市博物馆：《安徽蚌埠双墩新石器时代遗址发掘》，《考古学报》，2007年第1期；安徽省文物考古研究所、蚌埠市博物馆：《蚌埠双墩——新石器时代遗址发掘报告》，科学出版社，2008年。
3. 安徽省文物考古研究所、蚌埠市博物馆：《钟离君柏墓》，文物出版社，2013年。
4. 冯时：《上古宇宙观的考古学研究——安徽蚌埠双墩春秋钟离君柏墓解读》，《钟离君柏墓》，文物出版社，2013年。
5. 陈立柱、阚绪杭：《钟离国史稽考》，《钟离君柏墓》，文物出版社，2013年。
6. 徐少华：《童丽公诸器与古钟离国历史和文化》，《钟离君柏墓》，文物出版社，2013年。
7. 张居中、尹若春、杨玉璋、王象坤、孔昭宸、阚绪杭：《淮河中游地区稻作农业考古调查报告》，《农业考古》2004年3期。
8. 《聚焦淮河考古——蚌埠双墩遗址暨双墩文化研讨会纪要》，《中国文物报》2005年12月16日第7版。
9. 阚绪杭：《蚌埠双墩遗址的发掘与收获》，《文物研究（第八辑）》，黄山书社，1993年10月。
10. 阚绪杭：《试析淮河中游地区的双墩遗址与双墩文化》，《文物研究（第十四辑）》，黄山书社，2005年12月。
11. 阚绪杭：《淮河流域双墩文化及其序列的初步探讨》，《蒋赞初先生八轶华诞颂寿纪念论文集》，学苑出版社，2009年。
12. 徐大立：《蚌埠双墩新石器时代遗址陶器刻划初论》，《文物研究（第五辑）》，黄山书社，1989年。
13. 朱铁权等：《双墩遗址黑陶渗碳工艺初探》，《文物保护与考古科学》2005年第2期第17卷。
14. 董俊卿等：《双墩遗址、侯家寨遗址彩陶与红衣陶制作工艺的初步研究》，《东南文化》2006年第1期。

宿蚌地区的青铜时代文化遗存*

宫希成（北京大学中国考古学研究中心　安徽省文物考古研究所）

本文探讨的地域范围，包括今安徽省淮北市、宿州市、蚌埠市全境及滁州市北部沿淮部分地区，简称宿蚌地区，属皖北地区的东部。

本区域地处淮河中游，是南北方交流的重要通道，过去的考古工作基础比较薄弱，直到20世纪80年代，考古工作才算真正开展起来。30多年来，安徽省文物部门和中国社会科学院考古研究所、武汉大学考古系等单位，围绕苏鲁豫皖课题在皖北地区开展了一系列考古调查和发掘工作，发现了一批新石器时代和夏商周时期的遗存。通过对宿州市小山口和古台寺遗址[1]、淮北市石山孜遗址[2]、蚌埠市双墩遗址[3]、固镇县垓下遗址[4]、固镇县南城孜遗址[5]、萧县花家寺遗址[6]、宿州市芦城孜遗址[7]、蚌埠市禹会村遗址[8]等遗址的发掘研究，建立了本地区距今约8000年至4000年间的新石器时代文化序列，并对其文化面貌和发展进程有了比较清晰的认识[9]。

但是，青铜时代的夏商周时期，仍是本地区考古工作的薄弱环节。近年来，安徽省文物考古研究所有计划地开展了相应的调查、发掘和研究，取得了一些进展。本文试作简要的归纳。

一　夏商时期遗存

1. 杨堡遗址岳石文化遗存[10]

杨堡遗址位于宿州市埇桥区曹村镇杨堡村北，保存面积约12万平方米。2012年试掘发现岳石文化遗存。其陶器以夹砂红陶为主，少量为泥质陶，多为素面器类包括有罐、尊形器、盒等（图一）。

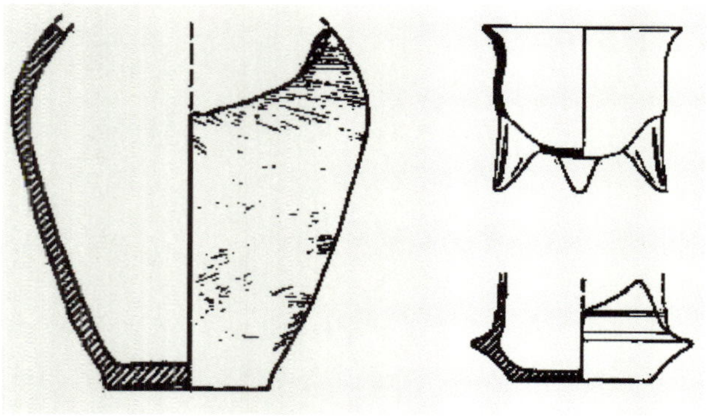

图一　杨堡遗址部分岳石文化陶器

2. 芦城孜遗址岳石文化遗存[11]

芦城孜遗址位于宿州市埇桥区桃园乡芦城孜自然村西南，坐落在浍河东岸的近河台地之上。2009年发掘发现岳石文化时期遗存。其陶器有夹砂、夹蚌和泥质三大类。陶器色泽多样化，以褐色为主，黑灰和灰色次之。陶色往往表里不一，深浅不均，一器多色。纹饰以素面为主，可辨器形有罐、盆、碗、器盖等（图二）。

3. 南城孜遗址岳石文化和商文化遗存[12]

南城孜遗址位于固镇县湖沟镇马楼村西南，南靠澥河，现存面积20多万平方米。2012~2015年已连续发掘多次，发现较丰富的岳石文化和商文化遗存。

岳石文化陶器有夹砂和泥质两种，有红陶、红褐陶、灰陶、黑陶，多作素面；器类有罐、甗、豆、尊形器、器盖等（图三）。商文化陶器以夹砂灰陶为主，器类有鬲、豆、罐等。

4. 蚌埠市钓鱼台遗址商文化遗存[13]

钓鱼台遗址位于蚌埠市禹会区东海大道与朝阳路交口西南部，遗址西侧紧邻张公湖（又称“席家沟”），西北距张公山约600米。系典型的台形遗址，由大小不同的四个高台组成。2014年发掘，在灰坑H4中出土商代陶器一组，有爵、斝、鬲各1件，罐2件。其中陶爵，有流无尾，平底，单耳；陶斝敛口，袋足，具有典型的商文化特征（图四）。

5. 古堆桥遗址商文化遗存[14]

古堆桥遗址位于凤阳县府城镇卫前村，遗址南部和东部为濠河支流唐河环绕，北部为一条东西向的小河沟，现存总面积约18000平方米。2012年发

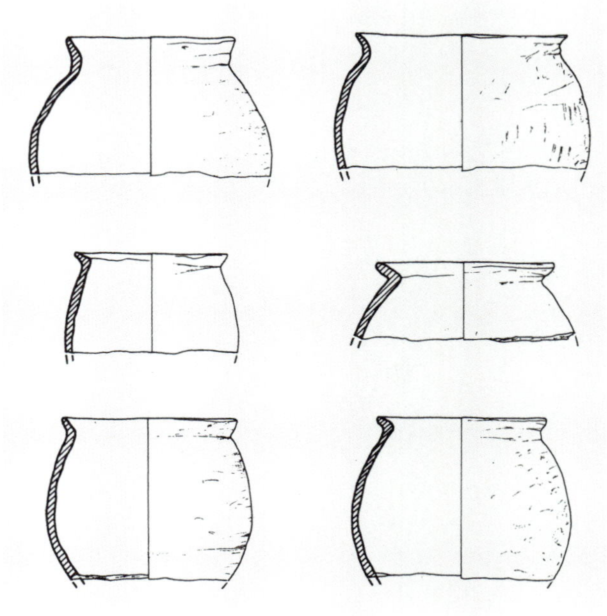

图二　芦城孜遗址部分岳石文化陶器

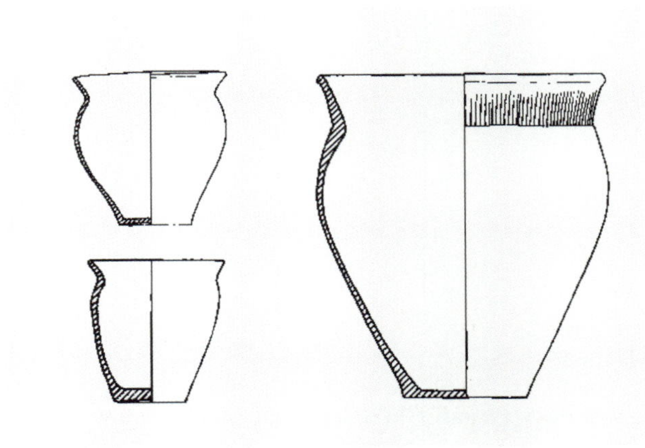

图三　南城孜遗址部分岳石文化陶器

图四　钓鱼台遗址部分商代陶器

掘，发现丰富的商文化遗存。遗迹主要有房址、灰坑、灰沟等。遗物有陶器、骨器、铜渣、铜工具、熔炉残壁、陶范、卜甲、动物骨骼、砺石等。陶器的制作均较为规整和精细，以夹砂灰陶为主，纹饰主要有绳纹、附加堆纹、旋纹等。器类主要有陶鬲、陶盆、陶尊、陶罐、假腹豆等（图五）。

此外，在蚌埠双墩一号春秋墓葬发掘中，在该墓封土之下发现残存的商代文化层，出土陶片300多片，可辨器形有鬲、罐、豆等[15]。从其特征看，基本与古堆桥商代遗存相同。

二　西周春秋时期遗存

1. 古堆桥遗址

西周时期的遗迹有房址和灰坑。陶器的制作均较为规整和精细，器形有陶鬲、陶罐、陶甗、陶豆等，纹饰主要有绳纹、附加堆纹等。其年代约在西周晚期，整体特征与中原周文化的特征相近（图六）。另外，2014年蚌埠钓鱼台遗址发掘的西周遗存，与古堆桥基本相同。

2. 芦城孜遗址

2009年的发掘，发现丰富的周代遗迹遗存。其中清理周代墓葬4座，均为成人墓葬，形制大口大底小的长方形土坑竖穴。遗物绝大多数是日常生活中所使用的各类陶容器，以及建筑所用板瓦、筒瓦等，另有少量石器、纺轮等生产用具及少量骨器。陶器主要有鬲、罐、豆、盂、盆等种类（图七）。根据主要陶器形式及组合关系，及其所呈现的特征，可将芦城孜遗址周代文化遗存划分为五期，年代分别为西周中期、西周晚期、春秋早期、春秋中期、春秋晚期。

3. 乔涧子春秋墓[16]

乔涧子遗址位于凤阳县府城镇齐涧村乔涧子自然村南、古堆桥遗址以东约300米。2013年发掘，其中有春秋墓葬1座，编号M2。为带斜坡墓道的“凸”字形竖穴土坑木椁墓，平面略呈方形，长6.4~6.6、宽6.6米。随葬器物15件，其中青铜器5件：簋、铆各2件，削1件；陶器11件：鼎、豆、鬲各2件，罐4件，盆1件（图八）。铜簋和铆放置于坑底西南部，

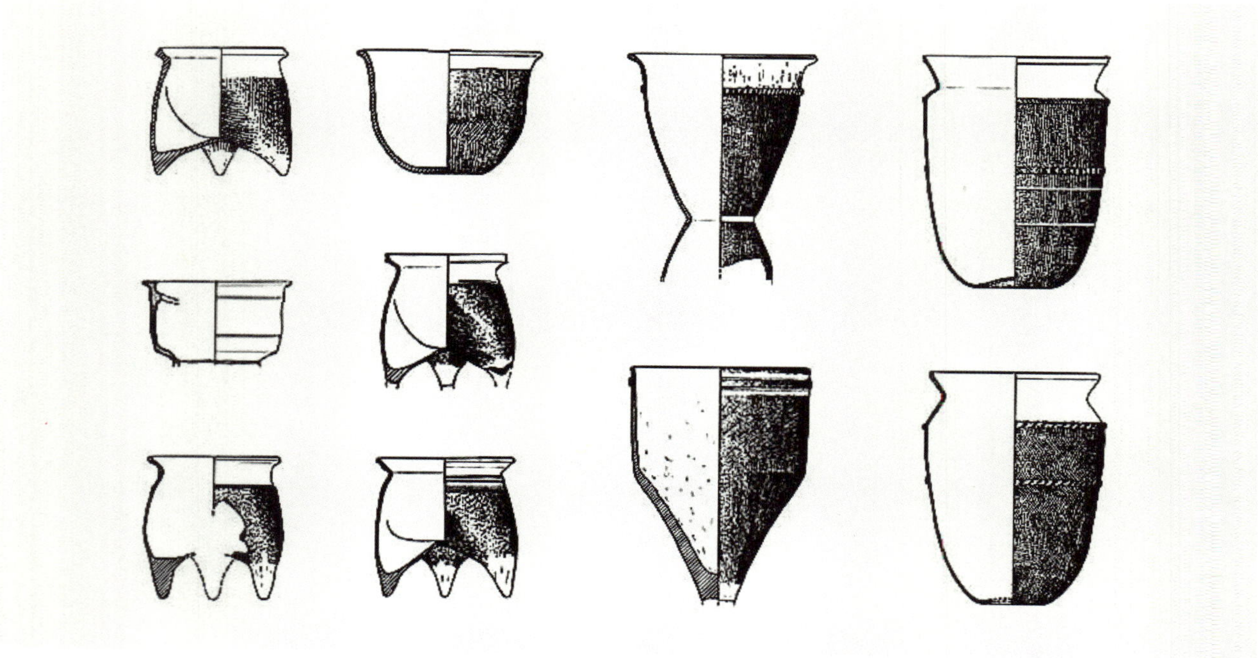

图五　古堆桥遗址部分商代陶器

铆正放于簋内，陶鬲、豆、鼎、罐自西向东依次分布于坑底南部。墓葬年代大约为春秋晚期。

4. 卞庄春秋墓地[17]

卞庄墓地位于凤阳县板桥镇古城村卞庄自然村。2007年当地建设工程施工中发现，墓葬均被施工不同程度破坏，随即进行了抢救性发掘，共清理历代墓葬28座，包括春秋时期墓葬2座（编号M1和M12），均为圆形土坑墓穴。M1保存稍好，出土青铜器73件、陶器4件、玉饰1件、石磬9件等。其

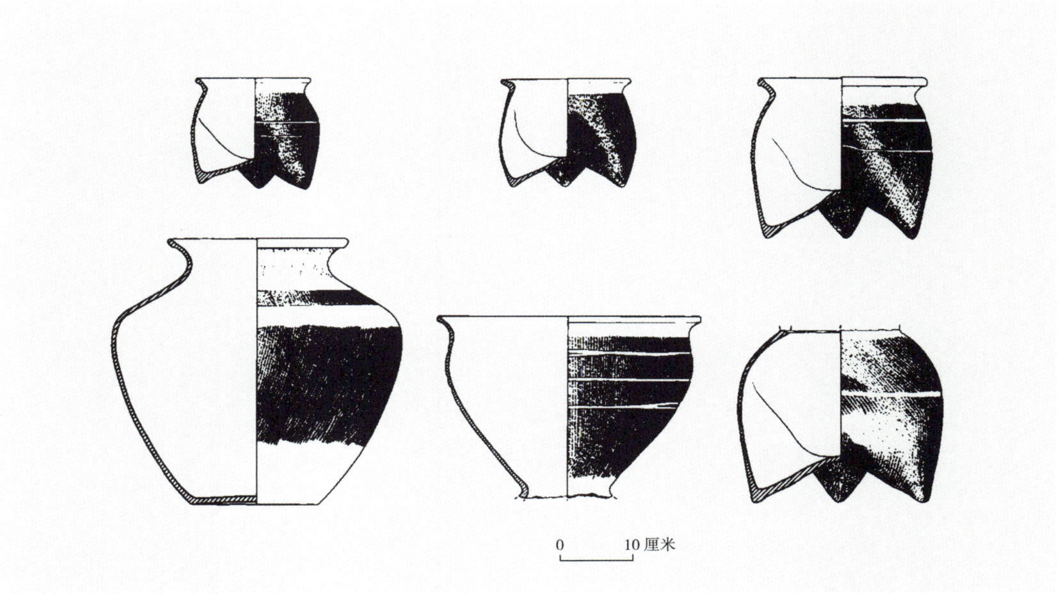

图六　古堆桥遗址部分西周时期陶器

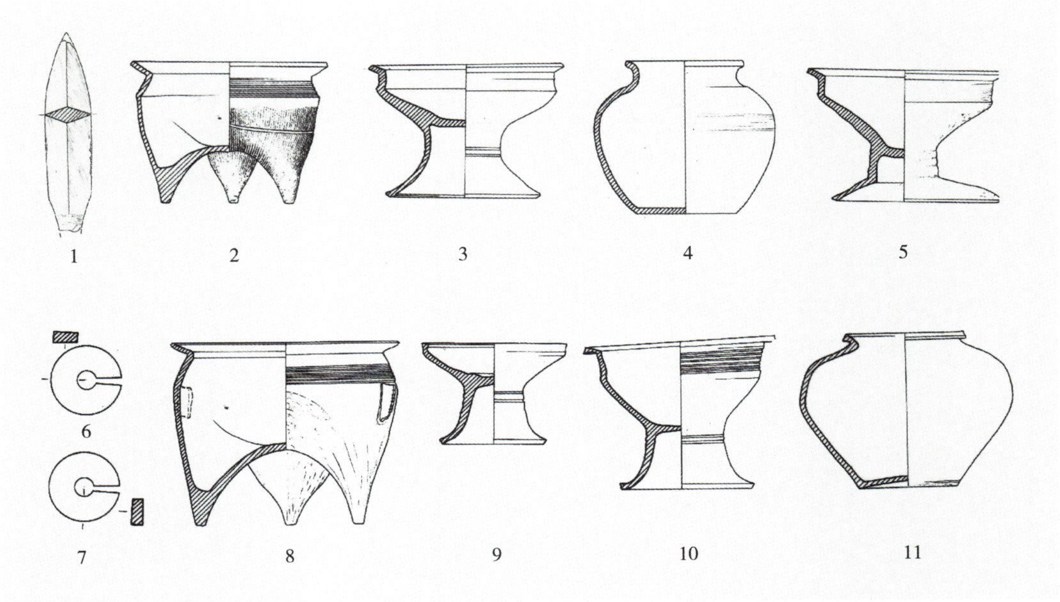

图七　芦城孜M20、M26出土器物

1.石镞（M20：1）　2.鬲（M20：2）　3.簋（M20：3）　4.罐（M20：4）　5.簋（M20：5）　6.玉玦（M26：1）　7.玉玦（M26：2）　8.鬲（M26：3）　9.豆（M26：4）　10.簋（M26：5）　11.罐（M26：6）

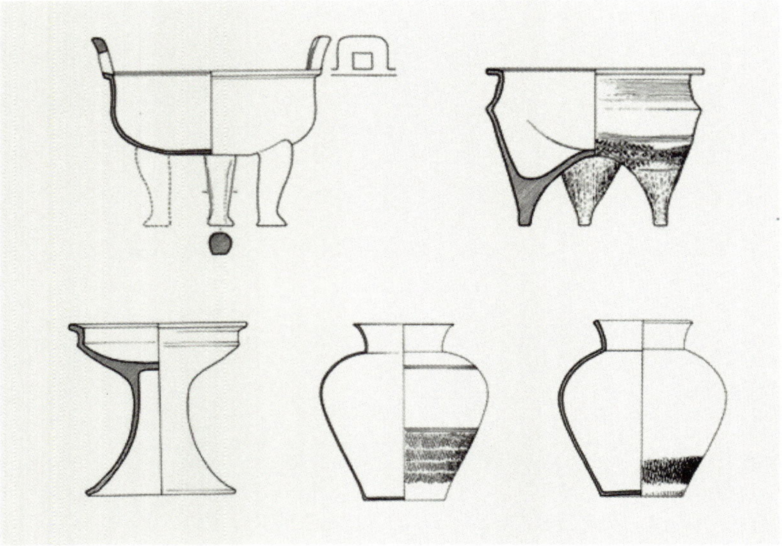

图八　乔涧子M2部分陶器

中青铜器有鼎2、甗1、豆1、兽足盘1、盉1、匜1、簠1、罍1、盆1、镈钟5件、钮钟9件及兵器、车马器、工具等。5件镈钟上均有铭文，各器铭文内容基本相同。其中有“之孙童丽公柏之季子康”等句，有学者释“童丽”为“钟离”[18]。

5. 双墩一号春秋墓[19]

该墓位于蚌埠市淮上区小蚌埠镇双墩村，2006年12月至2008年8月发掘。发掘前封土高9米，直径17米。墓穴为圆形土坑，正东有一条阶梯短墓道，坑内有生土二层台。出土青铜器、陶器、玉石器、漆木器及骨蚌饰品等约500件。青铜器有礼器、乐器、车马器、兵器、工具等，在9件钮钟、4件簠、3件戟和1件戈上均有铭文，其中有“童丽君柏作其行钟”、“童丽君柏作其吉金”、“童丽君柏用戟”等句，发掘者认为“童丽君柏”即为钟离国君柏。

三　皖北东部青铜文化序列

皖北地区相当于夏商时期的文化遗存，过去已有不少发现。1982年，北京大学考古系和安徽省文物工作队合作对霍邱、六安、寿县一带的新石器–商周遗址进行了系统的调查，并对若干地点进行试掘，报告中认为这一地区相对于二里头文化时期的遗存，是一种与其邻境地区文化不同的地方性文化，既有二里头文化因素，又有岳石文化因素，相对于商代早期的遗存主要来源于中原地区商文化，应该是具有一定地方特色的商文化[20]。北京大学王迅先生把相对于夏代的遗存命名为“斗鸡台文化”，把相对于商代文化遗存称之为安徽江淮地区商文化，应属于有着地方特色的商文化地方类型[21]。宫希成也对江淮地区夏商时期的考古学文化进行了探讨[22]。这些工作，较清楚辨识出了皖北地区夏商时期的考古学文化遗存，并初步总结了文化面貌和文化因素构成。但受当时资料所限，对皖北东部少有涉及。近十多年，随着本地区考古工作的深入，在皖北地区东部已发现较丰富的资料，线索也基本清晰。

从杨堡、芦城孜和南城孜三遗址所出岳石文化陶器的特征来看，应属较典型的岳石文化遗存，且面貌较单一，尚未见有二里头文化和其他文化因素共存。其年代约相当于二里头文化中晚期，下限或可到商初。二里头文化因素在皖北西部和江淮地区广泛地存在，其影响已经达到长江南岸[23]。据现有资料，岳石文化广泛地存在，是此时的主流。岳石文化因素在安徽江淮地区也有较多发现，主要分布在淮河流域，经发掘的地点如合肥烟大古堆遗址、肥西塘岗遗址、长丰古城遗址和寿县斗鸡台遗址、丁家古堆遗址、青莲寺遗址等处，都可见到较典型的岳石文化陶器，分布范围最南可到巢湖北岸，岳石文化遗存的年代主要在二里头文化二期至四期，至二里岗上层时期已基本不见。这一特点与皖北东部基本是一致的。

从南城孜、古堆桥和钓鱼台三遗址所出商文化陶器特征来看，具有很强的中原商文化特征，折沿鬲、尊、假腹豆等主要器类与中原商文化同类器物形态特征基本一致，文化面貌单纯，可归入商文化范畴，其年代大约相当于商代中期。1953 年，在嘉山县（今明光市）泊岗出土罍、爵、斝、觚 4 件青铜器，均为商式铜器特征，年代也大致在商代中期[24]。可见，最迟在商代中期，商文化已经取代了岳石文化，占据了本地区。本地相当于早商时期的遗存所见甚少，尚是缺环。

周代时期的遗存过去陆续有一些发现，如灵璧蒋庙发现陶鬲、陶钵，宿县发现鼎、鬲、簋、匜等青铜器[25]，笔者也曾做过简单的梳理，认为安徽北部西周时期遗存可归属周文化范畴[26]。从芦城孜、古堆桥等地的西周陶器特征来看，与中原周文化基本相似，而与相邻的以六安堰台遗址为代表的江淮地区西部西周遗存和以滁州何郢遗址为代表的江淮地区东部西周遗存均有较大不同[27]。但从中可以看到上述二个地区及山东地区对本地西周文化的影响。这也给研究中原周文化与江淮地区的交流、互动提供了极好的视角。

春秋前期的遗存在本地区少见，乔涧子春秋墓、双墩一号墓和卞庄一号墓的年代均为春秋后期。距卞庄不远的凤阳大东关在 1991 年施工中曾出土一批乐器，包括镈钟 7 件、钮钟 8 件和石磬等，虽经现场调查判断为墓葬出土，但具体位置等情况已无法查清。这几座墓年代相近，出土器物特征相近，不少研究者将其解读为钟离国的墓葬，也得到学界很多学者的认可，笔者也认同这一解读。钟离国相关遗存的发现与判定，也是安徽考古的又一重要成果。钟离国在《左传》等文献中屡有记录，是淮河中下游一带的一个嬴姓小国，鲁昭公二十四年（公元前 518 年）被楚国所灭。上述墓葬形制、葬制等方面反映出钟离国有着与众不同的个性风俗及传统，但从器物的特征和组合来看，已经明显受到楚文化的影响。双墩一号墓中，还随葬有 2 件印纹陶罐和 1 件印纹陶盆，在本地区并不多见，反映了墓主人与南方吴文化的交往。从折肩陶鬲、束颈深腹陶罐等器物，与山东地区周代的同类器存在一定的相似性。此外，在芦城孜遗址的春秋陶器中，也可以看到有许多文化因素并存的现象，特别是来自山东地区的文化影响。

战国时代，本地已为楚所据，楚文化也逐步取代了本地文化，成为主流。2007 年在双墩一号墓附近发现的双墩三号战国墓[28]，已经具有较典型的楚墓特征。

综上，宿蚌地区青铜时代文化大致的发展脉络已初现端倪。具体说可分四个阶段：1. 岳石文化阶段；2. 商文化阶段；3. 周文化阶段；4. 本地文化阶段。夏商时期，岳石文化和商文化先后为主体，其后，周文化取代了商文化。春秋时期，本地文化重新崛起。不同时代文化遗存及其特征，其背后反映的是族群的流动及不同势力在本地区的消长，本地区考古学文化面貌的逐渐清晰，对研究探索安徽先秦历史中若干关键问题具有重要意义。因现有资料所限，对各时期具体年代的细化分期、文化面貌的深入探讨等方面尚有待进一步的工作，特别是在年代上还有很多缺环。因此，本文的分析仅是初步的、阶段性的认识。这些问题的存在，也为今后本地区的考古工作指明了方向。希望将来能够有目的、有针对性的弥补不足，为相关的研究提供更详细、完整的信息。

注 释

* 本文为教育部人文社会科学重点研究基地重大项目“皖南地区早期铜冶金的技术与社会”成果，项目号：NO.14JJD78003。

[1] 中国社会科学院考古研究所安徽工作队：《安徽宿县小山口和古台寺遗址发掘简报》，《考古》1993 年第 12 期。

[2] 安徽省文物考古研究所：《安徽濉溪石山孜新石器时代遗址》，《考古》1992 年第 3 期。

[3] 安徽省文物考古研究所、蚌埠市博物馆：《蚌埠双墩——新石器时代遗址发掘报告》，科学出版社，2008 年。

[4] 安徽省文物考古研究所、固镇县文物管理所：《安徽固镇县垓下遗址 2007~2008 年度发掘主要收获》，《文物研究（第 16 辑）》，黄山书社，2009 年。安徽省文物考古研究所、固镇县文物管理所：《安徽固镇县垓下遗址发掘的新进展》，本文介绍了 2009 年垓下遗址的发掘情况，《东方考古（第 7 集）》，科学出版社，2010 年。

[5][10][12] 安徽省文物考古研究所、武汉大学历史学院考古系：《皖北小孙岗、南城孜、杨堡遗址试掘简报》，《考古》2015 年第 2 期。

[6] 安徽省博物馆：《安徽萧县花家寺新石器时代遗址》，《考古》1966 年第 2 期。

[7] 叶润清：《安徽省宿州市芦城孜遗址发掘简报》，《文物研究（第 9 辑）》，黄山书社，1994 年。《宿州芦城孜》发掘报告，文物出版社，2016 年 9 月。

[8] 中国社会科学院考古研究所、蚌埠市博物馆：《蚌埠禹会村》，科学出版社，2013 年。

[9][27] 宫希成、朔知：《安徽考古 60 年》，国家文物局主编《中国考古 60 年（1949~2009）》，文物出版社，2009 年。

[11] 安徽省文物考古研究所等：《宿州芦城孜》，文物出版社，2016 年 9 月。

[13] 安徽省文物考古研究所 2014 年发掘资料。

[14] 安徽省文物考古研究所、武汉大学历史学院考古系：《安徽凤阳古堆桥遗址发掘简报》，《考古》待刊。

[15] 安徽省文物考古研究所、蚌埠市博物馆：《钟离君柏墓》第二章第十节，文物出版社，2013 年。

[16] 安徽省文物考古研究所、凤阳县文物管理所：《安徽凤阳乔涧子春秋钟离国贵族墓葬发掘简报》，《江汉考古》2015 年第 2 期。

[17] 安徽省文物考古研究所、凤阳县文物管理所：《凤阳大东关与卞庄》，科学出版社，2010 年。

[18] 刘信芳、阚绪杭、周群：《安徽凤阳县卞庄一号墓出土镈钟铭文初探》，《考古与文物》2009 年第 3 期。

[19] 安徽省文物考古研究所、蚌埠市博物馆：《钟离君柏墓》，文物出版社，2013 年。安徽省文物考古研究所、蚌埠市博物馆：《春秋钟离君柏墓发掘报告》，《考古学报》2013 年第 2 期。

[20] 北京大学考古系商周组、安徽省文物考古工作队：《安徽省霍邱、六安、寿县考古调查试掘报告》，北京大学考古系编《考古学研究（三）》，科学出版社，1997 年。

[21] 王迅：《东夷文化与淮夷文化研究》，北京大学出版社，1994 年。

[22] 宫希成：《夏商时期安徽江淮地区的考古学文化》，《东南文化》1991 年第 2 期。

[23] 安徽省文物考古研究所：《安徽铜陵县师姑墩遗址发掘简报》，《考古》2013 年第 6 期。

[24] 葛治功：《安徽嘉山县泊岗引河出土的四件商代铜器》，《文物》1965 年第 7 期。

[25] 胡悦谦：《安徽灵璧县蒋庙村新石器时代遗址调查报告》，《考古通讯》1955 年第 5 期。李国梁：《安徽宿县谢芦村出土周代青铜器》，《文物》1991 年第 11 期。

[26] 宫希成：《淮河流域西周时期文化试析》，《东南文化》1999 年第 5 期。

[28] 安徽省文物考古研究所、蚌埠市博物馆：《安徽蚌埠市双墩三号战国墓》，《考古》2010 年第 9 期。

淮北地区新石器时代遗址分布规律初探

裴　亚（安徽博物院）

本文中淮北地区指安徽省淮河以北地区，包括淮北、亳州、宿州、阜阳四市全境和蚌埠、淮南市部分辖区。区域内以平原地貌为主，地势平坦，水系发达。气候温和，雨量适中，无霜期较长。是人类早期繁衍生息的重要区域。20世纪80年代以来，随着田野考古工作的开展，各地取得了一系列重要发现，积累了丰富的考古资料，特别是新石器时代考古取得重要进展。本文根据第三次文物普查资料，对淮北地区新石器时代文化遗址分布状况、分布特点及布局与聚落形态等方面进行了初步分析，只是作者对该领域研究的尝试。不足之处很多，敬请指正。

一　皖北地区新石器时代文化的年代与面貌

根据第三次全国文物普查资料，皖北地区新石器时代遗址共有143处[1]。根据已有的考古研究成果[2]，其年代在距今约8000年到4000年间。本地区的新石器时代文化大致可分为三个发展阶段：第一阶段，约距今8000到6000年左右，已形成一支具有自身特征的文化，典型遗址有淮北市石山子遗址、蚌埠市双墩遗址[3]等，有学者命名为双墩文化。其自身也可分南北两个小区，北区由宿州小山口遗址[4]发展为古台寺一期和石山子早期，并继续发展为石山子一、二期文化；南区以双墩下层为代表，并由此而发展为与石山子二期文化不同的侯家寨一期文化。第二阶段，自距今6000年左右开始，该区文化获得了较大发展，遗址数量明显增多，本土文化因素迅速衰减，外来文化陆续进入并逐渐被大汶口文化占据，到距今5000年左右，已基本纳入大汶口文化之中。典型遗址有亳州付庄遗址、蒙城县尉迟寺遗址、固镇县垓下遗址等，有学者命名为大汶口文化尉迟寺类型。第三阶段，到龙山时期，全区的文化面貌已基本一致，主要为龙山文化王油坊类型。典型遗址有宿州市芦城子遗址、蚌埠市禹会遗址等[5]。

除少数遗址较单纯、文化内涵较明确外，多数遗址都包含了几个发展阶段的堆积，根据调查采集的标本观察，处于第二阶段的遗址数目最多。因为143处遗址中大多数遗址还未进行发掘，相关资料有限，大多数遗址年代不能够精确判定，本文将以上三阶段一起讨论。

二　皖北地区新石器时代文化遗址的空间分布

从皖北新石器时代遗址平面分布图上看，143

处遗址主要分布在淮河各支流流域，淮河干流附近分布的遗址较少。濉河、新汴河、浍河、沱河流域分布数量最多，密度最大；其他主要较平均的集中于澥河、北淝河、谷河、泉河等流域（图一）。

1. 谷河流域

谷河是淮河的一条支流，发源于安徽省临泉县，自西北向东南流经阜南县、颍上县汇入淮河。谷河流域遗址分布稀疏，自上而下分别为李寨遗址、胡台遗址、宫庄遗址、小芝庄遗址、老楼遗址、老谷堆遗址、九槐遗址7处遗址。7处遗址均位于平原的台地上，遗址面积大约在1.5万到5万平方米之间。从地图空间分布上看，遗址均位于谷河流域中上游。根据现有资料，遗址以新石器文化遗存为主，也有商周时期遗存。

2. 润河流域

润河源出临泉县迎仙集苇河边，东南向流至润河集西注入淮河。跨临泉、阜南、阜阳、颍上四县，属平原区。按河流流向遗址依次分布为：陈小湾遗址、张大营遗址、陈冢遗址、台阳寺遗址、台家寺遗址、铜台子遗址、灵台遗址、王拐子遗址8处遗址。8处遗址均分布于润河沿岸的台地，陈小湾遗址、张大营遗址、陈冢遗址、台阳寺遗址中心高于地面2~3米，台家寺遗址高出地面6米，灵台遗址高12米。根据现有资料，遗址以新石器文化遗存为主，也有其他时期遗存。

3. 泉河流域

泉河是淮河一级支流颍河右岸支流，东南向流经界首、临泉、阜阳市注入颍河。按河流流向依次为石楼遗址、桥口遗址、岗上遗址、老丘堆遗址、王庄遗址、费子街遗址、郭大庄遗址7处遗址。遗址基本都紧邻泉河，其中岗上遗址、老丘堆遗址、费子街遗址、郭大庄遗址面积大，分别为131800、273000、310000、966000平方米。从空间分布上来看，这些聚落遗址散点式分布，皆为台地状遗址，几处大面积遗址与泉河距离最近，紧邻河边。根据现有资料，遗址以新石器文化遗存为主，也有其他时期遗存。

4. 西淝河流域

西淝河介于颍河、涡河之间，发源于河南省，流经安徽亳州、太和、利辛、涡阳、颍上、凤台六县，东南流向注入淮河。沿河流流向遗址分布依次为：灰角寺遗址、红门寺遗址、伍奢冢遗址、禅阳寺遗址、倪邱遗址5处，分布在西淝河两岸高地上。遗址保存完整，文化堆积清晰。

5. 涡河流域

涡河，淮河第二大支流，发源于河南省，流经亳州、涡阳、蒙城、怀远注入淮河，东南流向。按河流流向遗址分布依次为富庄遗址、大寺遗址、钓鱼台遗址、青凤岭遗址、后铁营遗址、天齐庙遗址、燕寨楼村遗址、马庄遗址、闸北台寺遗址、杨土楼遗址、龙王庙遗址、前徐庄遗址，均紧靠涡河，面积全部小于15000平方米。从空间分布上看，在涡河中上游地区较多，下游仅龙王庙遗址。文化堆积较丰富，除新石器时代文化遗存，还包含多个时期的文化遗存。

6. 北淝河流域

北淝河介于涡河和浍河之间，源出河南，流经亳州、涡阳、蒙城、濉溪、怀远、五河，于沫河口注入淮河，东南流向，流域范围为平原区。依河流流向遗址分别为：侯家孤堆遗址、芮集遗址、大仁庄遗址、量沙台遗址、彭庙庄遗址、尉迟寺遗址、刘孤堆遗址、黄岗遗址、双固堆遗址、荒孤堆遗址、八大集遗址、下台村遗址、双墩遗址、沫河口老故堆遗址、沫河口火故堆遗址、张巷村盘山遗址、费府寺大故堆遗址，大多数位于北淝河北岸，从空间分布上看，主要以团状聚集在两段：一是以尉迟寺遗址为中心聚落的遗址，集中于北淝河蒙城县段，二是集中在北淝河蚌埠市段。

7. 浍河流域

浍河发源于河南商丘，流经濉溪、宿县、固镇、

图一　皖北地区新石器时代遗址分布图

谷河流域：G1. 李寨遗址　G2. 胡台遗址　G3. 官庄遗址　G4. 小芝庄遗址　G5. 老楼遗址　G5. 九槐遗址　G7. 老谷堆遗址

润河流域：R1. 陈小湾遗址　R2. 张大营遗址　R3. 陈冢遗址　R4. 台阳寺遗址　R5. 台家寺遗址　R6. 铜台子遗址　R7. 灵台遗址　R8. 王拐子遗址

泉河流域：Q1. 石楼遗址　Q2. 桥口遗址　Q3. 岗上遗址　Q4. 老丘堆遗址　Q5. 费子街遗址　Q6. 郭大庄遗址　Q7. 王庄遗址

西淝河流域：XF1. 灰角寺遗址　XF2. 红门寺遗址　XF3. 伍奢冢遗址　XF4. 禅阳寺遗址　XF5. 倪邱遗址

涡河流域：W1. 富庄遗址　W2. 大寺遗址　W3. 钓鱼台遗址　W4. 青凤岭遗址　W5. 后铁营遗址　W6. 燕寨楼村遗址　W7. 天齐庙遗址　W8. 马庄遗址　W9. 闸北台寺遗址　W10. 杨土楼遗址　W11. 龙王庙遗址　W12. 前徐庄遗址

北淝河流域：BF1. 侯家孤堆遗址　BF2. 芮集遗址　BF3. 大任庄遗址　BF4. 量沙台遗址　BF5. 彭庙庄遗址　BF6. 尉迟寺遗址　BF7. 刘孤堆遗址　BF8. 黄岗遗址　BF9. 双菌堆遗址　BF10. 荒孤堆遗址　BF11. 八大集遗址　BF12. 下台村遗址　BF13. 双墩遗址　BF14. 沫河口老故堆遗址　BF15. 沫河口火故堆遗址　BF16. 张巷村盘山遗址　BF17. 费府寺大故堆遗址

浍河流域：H1. 观星台遗址　H2. 马桃园遗址　H3. 霸王城遗址　H4. 朱口集遗址　H5. 寺岗子遗址　H6. 安郎寺遗址　H7. 芦城孜遗址　H8. 欧寨西遗址　H9. 白陈南谷堆遗址　H10. 鹅鸭城遗址　H11. 胡沟霸王城遗址　H12. 阳城遗址　H13. 南城孜遗址　H14. 后严遗址　H15. 圩里遗址　H16. 魏庄遗址　H17. 集东遗址　H18. 吴东遗址　H19. 小王庄霸王城遗址　H20. 孟城遗址　H21. 谷堆遗址　H22. 桑圩遗址　H23. 孟庄遗址　H24. 钓鱼台西遗址　H25. 钓鱼台遗址

沱河流域：T1. 王谷堆遗址　T2. 骑路谷堆遗址　T3. 安阳遗址　T4. 刘庄遗址　T5. 许家大楼遗址　T6. 垓下遗址　T7. 沱西一号遗址　T8. 小张庄遗址　T9. 刘李村遗址　T10. 小庄遗址　T11. 泗河遗址　T12. 台子山遗址　T13. 玉石山遗址　T14. 双龙沟遗址　T15. 佘台遗址　T16. 张集遗址　T17. 于城东遗址　T18. 侍圩遗址　T19. 杨台遗址　T20. 王楼西遗址　T21. 大郭庄遗址　T22. 程台遗址　T23. 东古堆遗址　T24. 梁庄遗址　T25. 韩村遗址　T26. 张圩遗址

濉河流域：S1. 相山天文观测点遗址　S2. 化家湖遗址　S3. 石山孜遗址　S4. 小城遗址　S5. 北泉遗址　S6. 花甲寺遗址　S7. 刘堌遗址　S8. 金寨遗址　S9. 大寨庄遗址　S10. 城阳遗址　S11. 小店子遗址　S12. 古台寺遗址　S13. 杨堡遗址　S14. 桃山遗址　S15. 小山口遗址　S16. 大山口遗址　S17. 桂山遗址　S18. 夏疃遗址　S19. 于寨遗址　S20. 离山铺遗址　S21. 王楼遗址　S22. 三山蒋庙遗址　S23. 大侯遗址　S24. 谷杨遗址　S25. 娄园遗址　S26. 东王庄遗址　S27. 时谷庄遗址　S28. 释迦寺遗址　S29. 下杨遗址　S30. 大魏遗址　S31. 伊庙遗址

注：淮南市石小台遗址、清明古堆遗址、刘集古堆地遗址、小孙岗遗址、胡家岗遗址临近淮河干流，未划分至支流。

五河，东南流向。按流向遗址分布依次为：观星台遗址、马桃园遗址、霸王城遗址、朱口集遗址、寺岗子遗址、安郎寺遗址、芦城孜遗址、欧寨西遗址、白陈南谷堆遗址、鹁鸭城遗址、胡沟霸王城遗址、阳域遗址、南城孜遗址、后严遗址、圩里遗址、魏庄遗址、集东遗址、吴东遗址、小王庄霸王城遗址、孟域遗址、谷堆遗址、桑圩遗址、孟庄遗址、钓鱼台西遗址、钓鱼台遗址，多为台地状，均紧邻浍河分布在其两岸。从空间分布上看，浍河下游固镇县段遗址分布密集，呈团状聚集，上游段分布稀疏。遗址面积均大于 1.5 万平方米，其中超过 10 万平方米的遗址有霸王城遗址、朱口集遗址、胡沟霸王城遗址、南城孜遗址、圩里遗址。根据现有资料，遗址文化堆积丰富，有多个时期的文化堆积。

8. 沱河流域

沱河，是淮河的一条主要支流，流经濉溪、宿州、固镇、五河，东南流向注入淮河。按河流流向遗址依次分布：王谷堆遗址、骑路谷堆遗址、安阳遗址、刘庄遗址、许家大楼遗址、垓下遗址、沱西一号遗址、玉石山遗址、双龙沟遗址、韩村遗址、小张庄遗址、刘李村遗址、小庄遗址、泗河遗址、台子山遗址、余台遗址、张集遗址、于城东遗址、侍圩遗址、杨台遗址、王楼西遗址、大郭庄遗址、程台遗址、梁庄遗址、东古堆遗址、韩村遗址、张圩遗址。从空间分布情况看，沱河流域遗址主要聚集在下游段，较为密集，遗址面积大多数集中在 3 万 ~10 万平方米之间，其中垓下遗址面积最大，超过 20 万平方米，为一处新石器时代城址。

9. 濉河流域

濉河流经砀山县、萧县、濉溪县、宿州市、灵璧县、泗县，按濉河流向遗址分布依次为：小城遗址、相山天文观测点遗址、化家湖遗址、石山孜遗址、北泉遗址、花甲寺遗址、刘堌遗址、金寨遗址、大寨庄遗址、城阳遗址、小店子遗址、古台寺遗址、杨堡遗址、桃山遗址、小山口遗址、大山口遗址、离山铺遗址、桂山遗址、夏疃遗址、于寨遗址、王楼遗址、三山蒋庙遗址、东王庄遗址、大候遺址、娄园遗址、谷杨遗址、时谷庄遗址、释迦寺遗址、下杨遗址、伊庙遗址、大魏遗址。按空间分布看，遗址集中于濉河淮北、宿州市段，呈团状聚集，其他区域数量很少，零星分布在灵璧县和泗县。遗址文化堆积丰富，包含多个时期的文化遗存。

三　聚落形态分析

1. 遗址外部形态

从分布情况看，遗址大多在河流的二级阶地上，或离水源较近的平原区。从遗址所在地貌看，大多数遗址选择在台地土堆之上，或岗地边缘的平缓地带，地势高于四周，顺地势而建。遗址形态大致可分为台地型、岗地型两类，台地型遗址数量最多。台地型遗址高于四周地表，范围比较明确；岗地型遗址位于低缓的岗地顶部或边坡上，顺地势分布。这些聚落的平面布局形态主要为圆形、椭圆形和不规则状态。绝大多数保存较好，多数用为耕地，外部形态辨识度较高；另有部分遗址遭到不同程度的破坏，这些破坏主要来自于两方面：一方面是自然侵蚀破坏，如长期的河流冲刷等，另一方面是人为破坏，如修路、建房、取土、农耕等活动造成的不同程度的破坏。从现有资料可以看出，该地区多数遗址文化堆积较厚，存在多个时期的文化堆积叠加，除新石器时代的遗存，另有商、周、明、清等其他时代的文化堆积，分层较明确，表明这些遗址随着时代发展也一直被使用。有些典型遗址通过发掘，可以清楚地发现其堆积方式和功能布局，如尉迟寺遗址。

淮河流域河流密布，地势较低，每当雨季易受到大水的侵袭，洪涝是常发的灾害。遗址选在河旁台地，地势较高处，既可以最大限度避免洪涝灾害，又利于日常的生活以及农耕采集渔猎等经济活动。

2. 遗址规模

根据遗址的面积大小，可将其划分成 6 个区间：① 0.5 万平方米以下，有 22 处遗址；② 0.5 万 ~

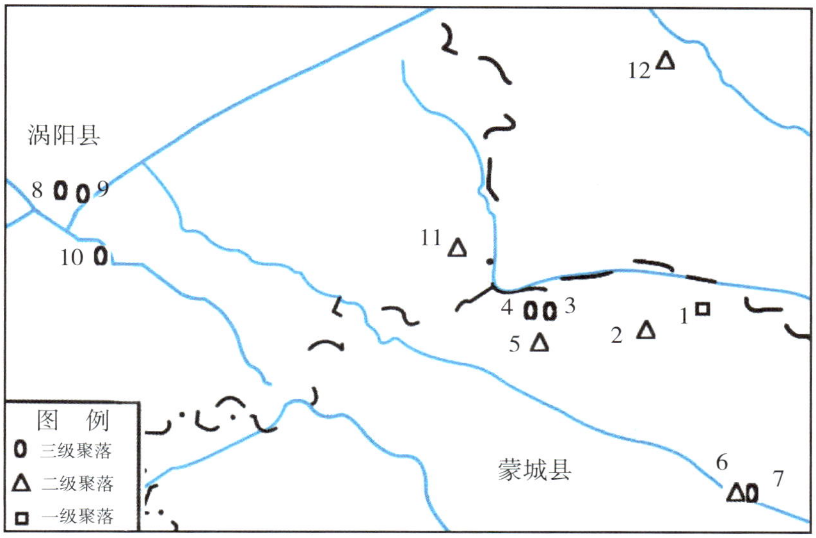

图二　尉迟寺聚落遗址群分布图

1.尉迟寺遗址　2.彭庙庄遗址　3.量沙台遗址　4.芮集遗址　5.大任庄遗址　6.刘孤堆遗址　7.黄岗遗址　8.马庄遗址　9.闸北台寺遗址　10.杨土楼遗址　11.侯家孤堆遗址　12.马桃园遗址

1.5 万平方米，有 33 处遗址；③ 1.5 万 ~3 万平方米，有 30 处遗址；④ 3 万 ~5 万平方米，有 18 处遗址；⑤ 5 万 ~10 万平方米，有 20 处遗址；⑥ 10 万平方米以上，有 20 处遗址。

从各个区间数量看，面积在 1 万平方米左右的遗址数量最多。最小的石小台遗址，现存面积仅 180 平方米，最大的下台村遗址，面积达到 3990449 平方米，大小差异很大。差异的产生大概和选址及所在地貌有关，也反映了聚落的等级。

3. 遗址分级与相互关系

从遗址分布上看，在多数流域的局部区域内都存在一个或几个面积超过 10 万平方米的较大遗址，附近散布着一些面积较小的遗址。反映了区域内的大遗址可能具有区域中心的性质。参考各遗址面积的大小，结合考古发掘所见的遗迹遗物情况，可以明确具有中心聚落特点的有尉迟寺遗址和垓下遗址。

尉迟寺遗址[6]位于蒙城县许町镇毕集庄尉迟寺村东 200 米，现存面积约为 10 万平方米左右，现为高出地面 2~3 米的崮堆状遗址，东西长约 370 米，南北宽约 250 米。以尉迟寺遗址为中心，其周围 20 公里范围内，分布有 11 处新石器时代遗址，这些遗址距尉迟寺遗址最近仅 2.8 公里，最远不超过 22 公里，这些遗址与尉迟寺遗址大汶口文化性质基本相同，属于同一时期的遗存。按规模大小可分为三个等级：第一等级，尉迟寺遗址，面积 10 万平方米；第二等级，面积在 1.5 万 ~10 万平方米的遗址，包括大任庄遗址、刘孤堆遗址等 4 处；第三级，面积为小于 1.5 万平方米的 6 处遗址（图二）。

1989 年到 2003 年，先后对尉迟寺遗址进行了 13 次考古发掘，共清理出房址 78 间，墓葬 300 余座及大量的灰坑、祭祀坑等，出土了近万件石器、陶器、骨器、蚌器等遗物。尉迟寺遗址聚落遗存主要包括房屋建筑遗迹、活动广场、灰坑、祭祀坑和墓葬等，外围有一条椭圆形围沟，形成一个被围沟环绕的聚落。聚落内各部分功能区分明确，总体布局合理，显然经过精心的规划。尉迟寺遗址大汶口文化聚落应为该区域遗址群的中心聚落。

垓下遗址[7]位于固镇县濠城镇垓下居委会圩里自然村，地处沱河南岸，面积 25 万多平方米。在其周边 20 公里范围内，分布有 17 处新石器时代遗址，均处于沱河流域内，这些遗址与垓下遗址文化性质基本相同，属于这一区域同一时期的遗存。按其规模大小可分为三个等级：第一级，垓下遗址，其面积超过 25 万平方米，为该区域最大；第二级，面积在 15000~100000 平方米的遗址，包括余台遗址、张集遗址、于城东遗址等 12 处；第三级，为面积小于 15000 平方米的 5 处遗址（图三）。

2007~2009 年对垓下遗址进行了三次考古发掘，文

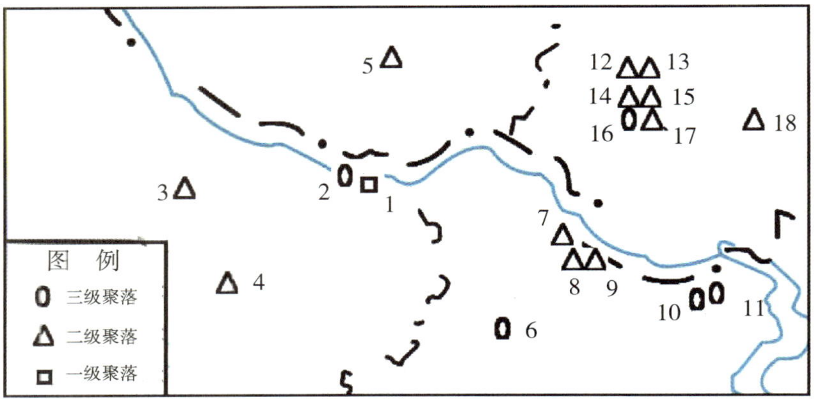

图三　垓下聚落遗址群分布图

1. 垓下遗址　2. 许家大楼遗址　3. 刘庄遗址　4. 张圩遗址　5. 双龙沟遗址　6. 韩村遗址　7. 小张庄遗址　8. 刘李村遗址　9. 小庄遗址　10. 泗河遗址　11. 台二山遗址　12. 佘台遗址　13. 张集遗址　14. 于城东遗址　15. 侍圩遗址　16. 杨台遗址　17. 王楼西遗址　18. 大郭庄遗址

化遗迹比较丰富，主要包括城墙、房址、墓葬、陶窑、灰沟等。发现并确认了建于大汶口文化晚期的城址，城址总体约呈长方形，面积约为 25 万平方米，位于沱河南岸边高地之上，城外有护城河，城墙主体建于大汶口文化晚期，整体采用堆筑法筑造，横截面呈内缓外陡的梯形，外侧与护城河、古河道紧密连接，形成有效的防水、防御体系，城四周有四环状土垣，东、西、南、北城墙长度分别为 410、480、230、340 米，总长 1510 米。这是皖北地区发现的唯一一处新石器时代城址。综上所述，垓下遗址为该区域遗址群的一级中心聚落，二、三级聚落散布在其周围，与其相互依托、彼此影响。

注 释

[1] 安徽省第三次全国文物普查办公室编：《安徽省第三次全国文物普查不可移动文物名录》。

[2] 吴加安：《安徽北部的新石器文化遗存》，《考古》1996 年第 9 期。

[3] 安徽省文物考古研究所，蚌埠市博物馆：《蚌埠双墩——新石器时代遗址发掘报告》，科学出版社，2008 年。

[4] 冀和、王敏：《安徽宿县发现新石器时代遗址》，《考古》1986 年第 4 期。

[5] 宫希成、朔知：《安徽考古 60 年》，文物出版社，2009 年。

[6] 中国社会科学院考古研究所：《蒙城尉迟寺——皖北新石器时代聚落遗存的发掘与研究》，科学出版社，2001 年。中国社会科学院考古研究所：《蒙城尉迟寺（第二部）》，科学出版社，2007 年。

[7] 安徽省文物考古研究所、固镇县文物管理所：《安徽固镇县垓下遗址 2007~2008 年度发掘主要收获》《文物研究（第十六辑）》，2009 年。

“☐”形刻划符号与“天网说”宇宙观考证 *

徐大立（蚌埠市博物馆）

序　言

生活在7000年前的双墩先民已经具有了成熟的渔猎经济和逐渐形成的农业经济，氏族部落内部已经出现了分工与阶层。当时，各部落集团之间的交流和贸易活动已经横跨江淮，扩展到相当遥远的区域范围。在这种社会形态日趋复杂的变化中，人们已经感到用语言交流受到很大的局限。远距离之间消息的传递仅仅通过“结绳”和“刻木”已经无法满足。人们需要借助某种载体、采用某种形式来记录部落内部、部落之间在原始崇拜、宗教信仰、贸易往来、部落战争、文化传承等方面事件的需求。因此在这一时期，原始刻划符号（或可称原始文字）在黄淮流域、大江南北纷纷出现。这些刻划符号（或者绘画符号）由于载体的原因大多都保存在陶器上。而淮河中游双墩遗址出土的600余件陶器底部刻划符号中，以其出土数量多，内容丰富，且演进脉络清晰而领先于其他部落集团，成为最具代表性的刻划符号，被称为中国文字起源的重要源头之一。

本文以双墩遗址刻划符号中最重要的“☐”形符号的演变过程，来探究双墩先民如何从“罾网”的使用功能，进而产生“天网”的宇宙观，并最终形成“☐”形刻划符号具有“天”的固定意义。

一　双墩遗址刻划符号中的“罾网”

现代的罾网是一种用丝线织成的网。罾口大多为四形方，罾口边长约有一丈，整个罾网形状像一口大锅。罾架用四根竹子做成，用绳索穿绑成十字形，每根竹子的尾部都弯成弧形，分别用来系上罾网的四个角。使用时用绳索系住罾架，往回拉动绳索就是起罾，再慢慢放松绳索就是下罾。完全下罾时，罾网全部都泡在水里，罾架只露出十字交叉点，隔三五分钟起一次罾，如果有鱼游进来，起罾时就会被捞入罾网里（图一）。

7000年前双墩先民已经能娴熟的使用罾网。在双墩遗址罾网类的刻划符号中，罾网的形象与现代罾网基本一致。但双墩先民对罾网的形态刻划，有一个从形象到抽象的变化过程。正是这个变化，显示出双墩先民创造刻划符号时的思辨痕迹。这种由繁入简，由象形到抽象，并最终形成固定符号的创造过程，体现了刻划符号从本意到延伸义再到脱离本意形成新意的过程，也和文字创造的一般规律相符。

1. 罾网的象形刻划

标本92T0723㉖：73陶碗底部，圈足形底，残，底径8.8厘米。外底部为罾网象形刻划：一张☐形大

图一 明·倪端《捕鱼图》（局部）

网，四角用绳索系挂在弧形罾架上，罾架中间有一横杆，可见两根小斜线从罾口连接横杆的一端（另一端残缺，应当是对称的），这是为了加固罾口的拉力而设置。最上面有一挑杆垂下绳索系住罾架，以便起罾和下罾（图二，1）。

标本93征集品：4陶碗底部，矮圈足，完整，底径8.8厘米。外底部为以罾网为主体的象形组合刻划：下边弧线“︵”表示水；左侧半方框“]”表示陷阱；中间为“⌶”形大网；线条纤细。主体为弧形罾架（与上图相比省去了中间的横杆），弧顶有一挑杆垂下绳索系住罾架，以便起罾和下罾（图二，2）。

标本86T0720②：95陶碗底部，矮圈足，完整，底径8.5厘米。外底部为罾网的俯视象形刻划：左侧弧线“︵”表示浅水；主体为“⌶”形大网；上有“十”形罾架。这是一张小型罾网，一般用在浅水边捕鱼捉虾（图二，3）。

这三件罾网刻划采用的都是象形的刻划手法，它与现今淮河岸边渔民家中的罾网，从结构、功能、和使用方法上基本一致。双墩遗址刻划符号中罾网类刻划符号很多，可见罾网已经成为双墩先民广为使用的一种渔具。

2. 罾网的简化刻划

罾网虽然是由罾架和“⌶”形大网组成，但是，网才是捕鱼的主体，所以，双墩先民在简化罾网的刻划符号中，抓住了主要特征——“⌶”形大网。

标本91T0819⑮：122陶盆底部，残，底径14.7厘米。刻划符号在内底部，尺寸13.4厘米×13.5厘米。这个“⌶”形大网，边框粗宽，框内网线纤细、对称，呈现多重“⌶”形符号组合。总体看来，是一张略去罾架的网，虽有简化，但依然属于罾网的象形刻划（图三，1）。

标本86T0720③：7陶碗底部，矮圈足，完整，底径8.6厘米。外底用压划法画出“⌶”形网具，上面叠压着用刻划法画出的“鱼”形符号。网具已经简化为“⌶”形，但鱼形还是象形的。这个组合符号用会意的方法表示用罾网捕鱼的含意（图三，2）。

3. 罾网“天罗地网”的功能

双墩先民不仅仅在用“⌶”形大网在水中捕鱼，他们也可以在陆地上设网伏兽，在空中网罗飞鸟。下面这两幅刻划符号说明罾网除了捕鱼之外，还具有了“天罗地网”的功能：

标本91T0819⑲：73陶碗底部，圈足，完整，底径9.8厘米。外底部刻划有一张吊网和一只野猪的组合符号。双墩遗址刻划符号中，有一组刻绘伏击野猪全过程的系列符号。这是其中一幅：表现野猪落入陷阱后，被吊网拉起的场景。刻划中的吊网像一个深腹尖底的大锅，但这个吊网的网口应该为

“囗”形。这是因为在双墩遗址有关“陷阱”的刻划符号中，陷阱口的轮廓均为方形（图四，1）。

标本 86T0720③：69 陶碗底部，修复件。外红衣内黑色，敛口，折沿，斜弧腹内收，矮圈足。外底部布满细密交错的网纹刻划，网纹中心隐现一鸟形。这是一幅张网捕鸟的刻画（图四，2）。

俗话说：“天罗地网”，罩在空中的称“罗网”，可以网鸟；设在地上为“地网”，可以捕兽。放在水里的“渔网”，则可以捕鱼。能够将网具运用得如此广泛和娴熟，又能够用刻划符号将这些内容表现出来，并且还将繁复写实的网具用最简单的“囗”形刻划符号固定下来，可见双墩先民的抽象思维能力、刻绘表达能力相当成熟。

《易·系辞下》提到传说中的包牺氏曾经“作结绳而为网罟，以佃以渔，盖取诸离”。疏云：“作结绳而为罔罟以佃以渔者，用此罟罔或陆畋以罗鸟兽，或水泽以罔鱼鳖也。”伪孔安国《尚书序》曰：“古者伏羲氏之王天下也，始画八卦，造书契，以代结绳之政。”应当说，双墩遗址的年代与传说中的伏羲氏时代相当接近，双墩先民用罾网“以佃以渔”，以及刻划符号与“造书契”描述也是极为吻合的。

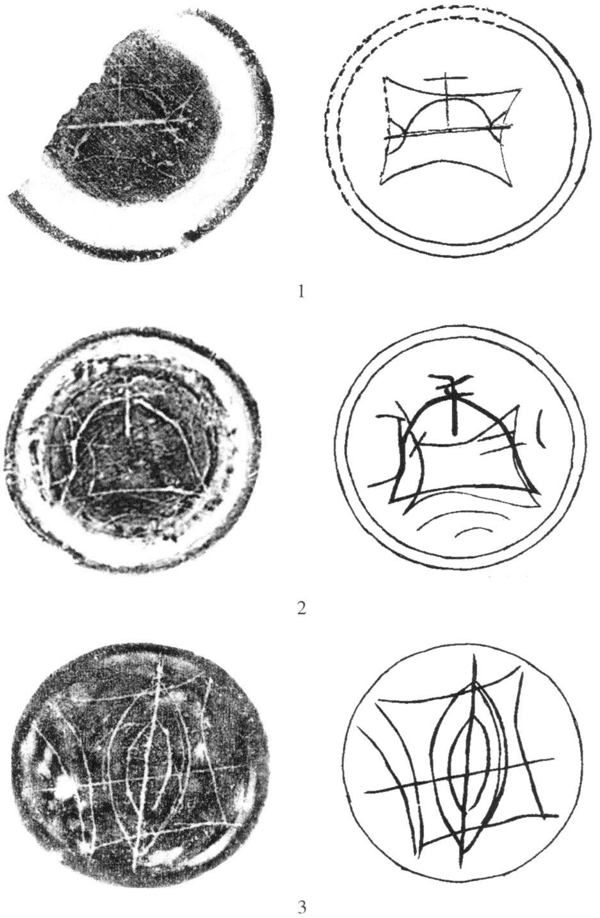

图二

1.92T0723㉖：73　2.93 征集品：4　3.86T0720②：95

（本文中拓片及线描图均为作者根据蚌埠市博物馆藏品绘制）

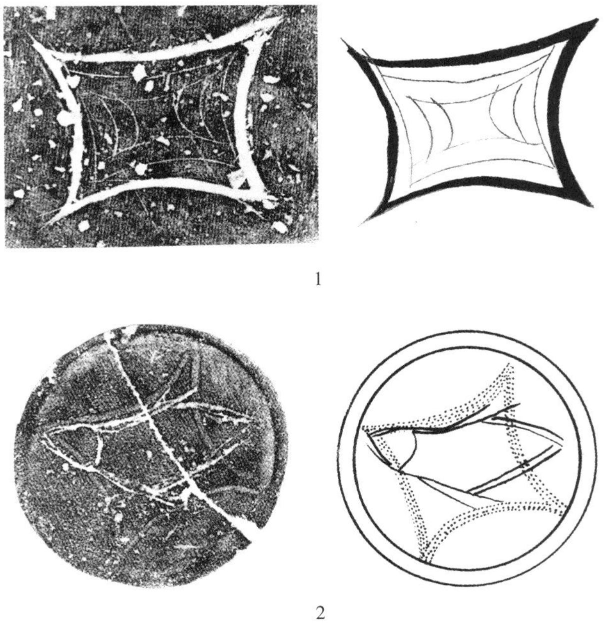

图三

1.91T0819⑮：122　2.86T0720③：7

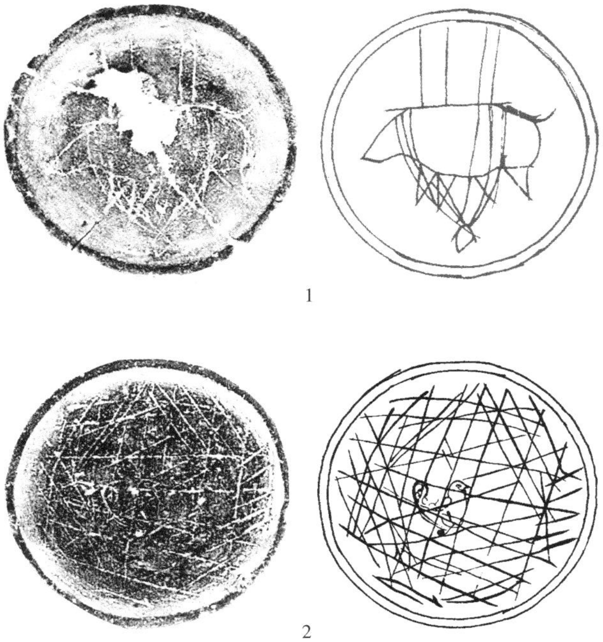

图四

1.91T0819⑲：73　2.86T0720③：69

二　罾网多功能的运用，是产生“天网”意识的源头

在人类的原始思维中，对于天体形成、日升月落、群星列布始终充满着好奇与遐想，渴望能够有一种解释来满足他们的想象，或者说来满足他们心理和原始宗教的需求。于是，有关天地生成、日月运行、斗转星移的神话与传说生生不息，给我们留下了丰富而繁杂的故事。使得后人们不得不花费极大的精力来梳理和辨别这些神话传说的合理与虚构的成分，极力寻找和还原先民们的思维方式和思维根源。由此，我们不得不感激双墩先民给我们留下了数百件刻划符号。通过对这些刻划符号的梳理、归纳和分析，使我们有可能最近距离的接触到原始先民的思维境界，从而了解原始先民是如何认识和解释那些天文、地理等自然万物现象的。

1. 双墩刻划符号中“罾网”到“天网”的转变

前文已经描述了罾网在双墩先民的渔猎经济中所具有的实际作用。笔者通过研究认为：由于罾网所具备的“网罗天地”能力，已经使得双墩先民对“罾网”产生了神秘的原始崇拜。他们认为天空上之所以能够群星列布，日月悬空，或许就是因为有一张巨大无边的罾网罩在上面，日月星辰都悬挂在网上，由于巨网的旋转，才有了斗转星移，日升月落的现象出现。这种由“罾网”转化为“天网”的天体观，符合双墩先民原始思维的一般规律。

下面通过一组刻划符号的相互印证和分析，尝试解读标本 92T0721㉗：19 刻划符号的意义。

标本 92T0721㉗：19 为一件修复的碗。口内敛，斜弧腹内收，圈足形底。在其外底部刻划有“⌑”和“⌘”组合符号，刻道清楚，拟在未干的坯胎上刻划（图五，3）。口径 24.6、通高 8.8、底径 9.2 厘米。

在双墩遗址刻划符号中，“⌑”与“⌘”都是单独占据器底中心位置的刻划符号（图五，1、2）。这是在双墩先民的心目中具有重要意义时才使用的表现手法。从“⌘”与其他符号组合的意义来看，均表示与某个季节从事某种经济生产活动相关联，如狩猎、捕鱼、养蚕、种植等等，成为物候历法的标志性符号[1]。这样，“⌘”就与气候变化、与“天”有了密切关系。特别是湖南安乡汤家岗白陶圈足盘的外底部，戳印八芒太阳纹的中心位置出现了“⌘”符号，印证了“⌘”具有象征天体运行的意义（图五，4）。说明了这一点，我们再来看看湖南高庙遗址“星象图”摹本，在太阳和八弧形光芒的中心赫然刻划着“⌑”形符号（图五，5），它与汤家岗白陶盘太阳纹中心的“⌘”处在同样的中心位置；这两幅繁简不一、内容相似的“徽号”性质刻划符号，其中心符号竟然是标本 92T0721㉗：19 中两个符号的叠压，这就足以证明“⌘”与“⌑”形符号在当时具有相似的解释，起到相同的作用。这也符合双墩遗址组合刻划符号中的构成规律：将两种以上，内涵相似的符号放在同一幅画面，来表现它们属于同一个范畴。即“⌑”形符号表示“天网”，它的意义是表示“天”；“⌘”形符号是物候历法的标志性符号，它的意义是表示“季节”。两者的共同点都表示与天有关的抽象概念。

2. 用于祭天的陶礼器——“四流器”

标本 86T0720②：195 为修复件，口沿与内壁黑色，外壁红褐色带黑色斑点，口沿四面内折呈方形，四角为流口，弧腹内收，平底内凹。高 10、口沿边长 22、底径 8.5 厘米（图六）。

“四流器”是双墩遗址出土的一种特殊形制的陶器，它的口沿四边内折，折角处刻意做成流口，腹底部与陶钵相似。从俯视的角度看其口沿的形状与“⌑”形符号完全一致，这就帮助我们确认了它是一件举行祭天活动的专用祭器。我们推测这件祭器的功能有二：1. 酒具，盛满美酒用于祭天，是用来祈天求福的器皿。2. 由于有四个流口，可供多人同时饮用，也具有了“会盟”“盟誓”的作用。双墩遗址这种以“⌑”形为口沿的陶器残件共出土了 7 件。联想到诸多新石器时代遗址中出土陶器的柄部、腹部或镂空或绘画的“⌑”形象，应当都是与祭天活动相关的礼器或祭器。

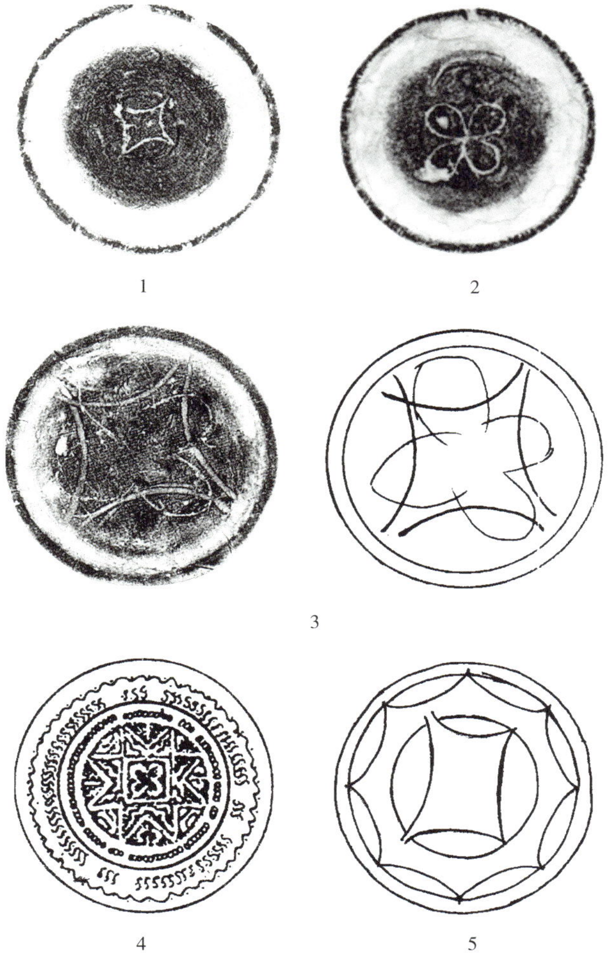

图五
1.86 发掘品：80　2.86 发掘品：103　3.92T0721 ㉗:19
4.湖南汤家岗八芒太阳纹　5.湖南高庙遗址“星象图”摹本

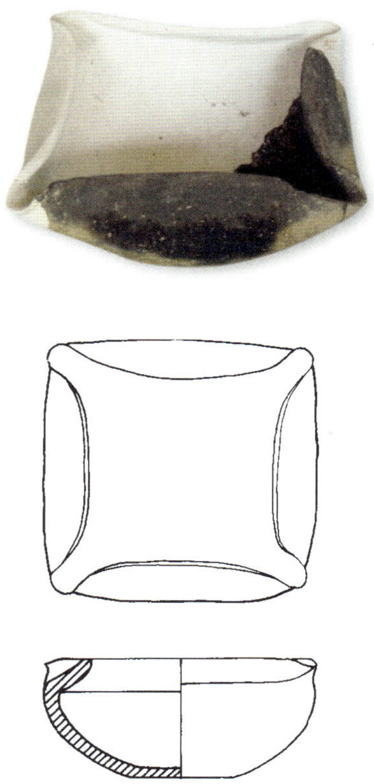

图六　双墩遗址四流器 86T0720 ②:195

3. 与“天”相关的刻划符号

罾网“网罗天地”的能力使得双墩先民产生了“天网”意识，进而形成“罾网——天网——天”这一概念的原始思维形成过程。用“口”形符号来表示虚空无形的“天”，确实反映出双墩先民的大智慧。它暗合了“会意”和“转注”的文字创造方法。笔者正是洞悉了“口”就是“天”的含义，也就同时破译了与“口”组合的其他符号的解读方法。

下面，我们来尝试解读一组刻划符号。

（1）与“风”有关的刻划符号

标本 92T0721 ㉙：39；为碗的残件，圈足形底。在其外底部有“口”形刻划和三条压划线条组成的符号，似在干坯上刻划。残高 2.8、底径 8.4 厘米（图七，1）。

标本 91T0620 ⑬：27；为一件碗的底片，圈足形底。在其外底部有阴刻三条横线和几道斜线构成组合符号，刻道较清楚，似在未干坯胎上刻划。底径 7 厘米（图七，2）。

当我们确定“口”形刻划符号为“天”或“天空”时，那么，用三条压划纹所表示的内容一定与“天”有关，其内容无外乎云、风、雨、雪、雷电之类。而用两三条横线或波纹线表示“风”，在甲骨文和哥巴文中均有表现（图八）。例如甲骨文中的“气”（“三”一期前七・三六・二）、“中”（“𠁩”一期簠六五）。甲骨文中没有真正的“风”字，而是由凤鸟的“凤”字作为替代。而具有“风”含义

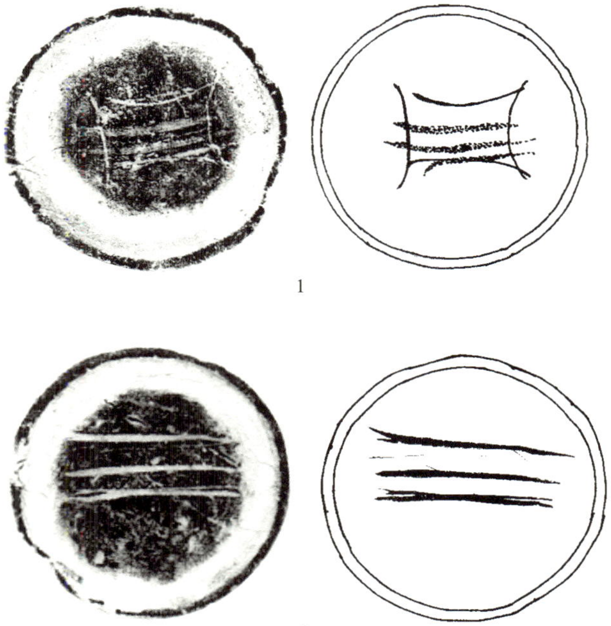

1

2

图七
1.92T0721㉙:39 2.91T0620⑬:27

1 2 3

图八
1.甲骨文：气 2.甲骨文：中 3.哥巴文：风

的字，却包含在“气”与“中”字形中间。“气”表示气流，而空气流动的直观感觉就是“风”。所以甲骨文中用三道横线来表示“气”也具备了“风”的含义。“中”是在旷地中心立一旗杆，表示中间、中心的定位。甲骨文“中”字上下各有同方向的两道波纹线，实际上是为了表示风向或风力。含有表示“风”的意义。而哥巴文中的“风”（☰、☰）字，则是由三条横线（或波纹线条）来表示。可见在中国远古文字的创造中，对于“风”大都是以三两条横线或波纹线来表现。其渊源却来自于标本92T0721㉙：39。所以，标本92T0721㉙：39所表现的是“风”的自然现象，而刻划符号的文字意义也应当是“风”。

根据双墩遗址刻划符号的刻划规律：一个符号笔划重复的多少往往表示“量”的大小。一划为小，二划为中等，三划为大，超过三划则为特大、巨大。据此，标本92T0721㉙：39；所表示的应为“大风”。

同样，依据双墩遗址刻划符号的刻划规律：当需要表现主体符号时，原来在组合符号中出现的附属符号可以省略。例如标本91T0620⑬：27，表示天空的“冚”形符号被省略，表示“大风”的三条横线摆在中心的突出位置，而背后略显凌乱的线条则表示闪电，呈现出狂风骤起，山雨欲来的情景。所以标本91T0620⑬：27所表示的仍然是“大风”。

（2）与“雨”有关的刻划符号

标本86T0720③：17碗底，略残，矮圈足形底，内凹，底径9.2厘米。外底刻有弧线方框形符号，其上有呈射线状的点形线条，还有一些刻痕浅细的凌乱线条相叠压，应为陶坯晾干后刻划（图九，1）。

标本86发掘品：74碗底，残片，矮圈足，底微内凹，复原底径为8.8厘米。外底刻有多条呈射线状的点形线条和一些不规则线形符号，应为陶坯晾干后刻划（图九，2）。

如图所示，标本86T0720③：17的刻划由三部分组成：一是“冚”形符号代表天空；二是呈射线状的点形线条，形似骤雨斜射的雨柱；三是刻痕纤细稍显凌乱的线条，应为闪电留下的痕迹。这幅刻划是双墩先民对暴雨袭来时的记录，它的文字意义应当为“暴雨”或者“大雨”。

标本86发掘品：74同样具备了呈射线状的点形线条和稍显凌乱的叉形线条，但是象征“天”的“冚”形符号却被省略了。这幅刻划符号虽有残缺，但射线状的点形线条象征暴雨骤至，凌乱的叉形线条则表示电闪雷鸣，这种暴雨倾盆、撼天动地的场景可以从刻划符号中感悟。

联想到双墩先民另外一组表现洪水泛滥、房屋塌、禽兽奔逃的刻划符号，可见暴雨带来大洪水造成的灾难，给双墩人留下了多么深刻的记忆。

4. 八角形刻符起源于“冚”形刻符

标本91T0819⑲：44，为碗的修复件，口微敛，斜弧腹内收，矮圈足形底。在其外底部刻划有八角形刻划符号，刻道浅较清楚，拟在干坯上刻划。口

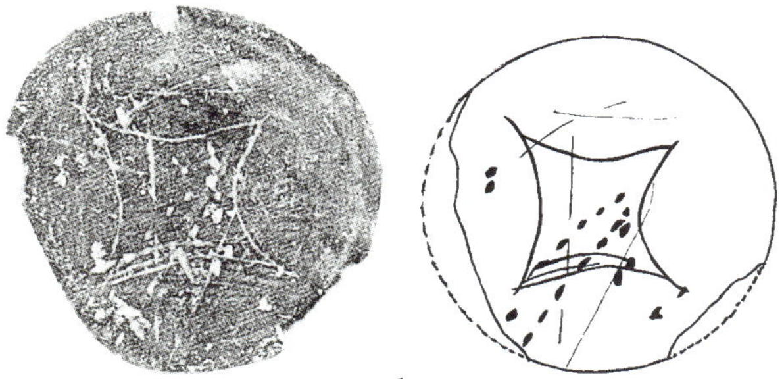

1

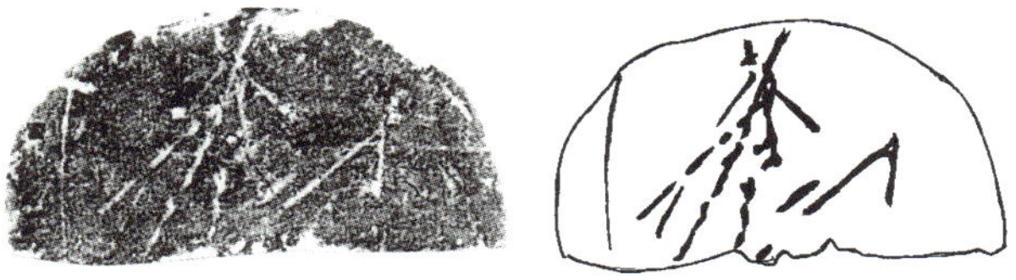

2

图九
1.86T0720③:17　2.86发掘品:74

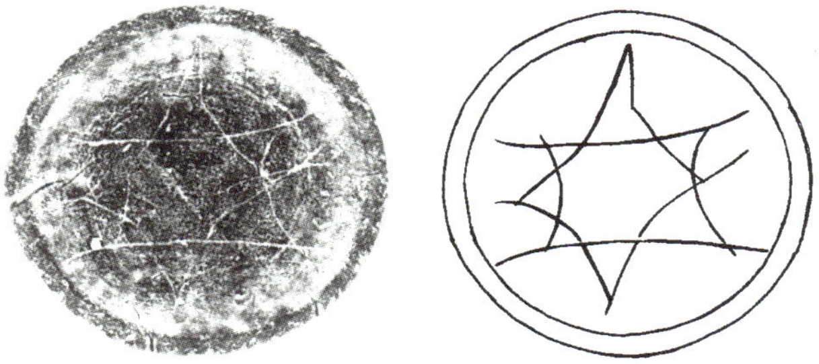

图一〇　91T0819⑲:44

径32、高11.2、底径9.8厘米（图一〇）。

八角形符号在新石器时代的陶器刻划、绘画或器物镂刻中常常出现，通常被认为与原始天文历法以及四极八方的概念有着极其重要关系，是中国天文学滥觞期的重要标志。如果仔细观察，标本91T0819⑲：44中的八角形刻符其实是由两个“口”形刻符错位叠压形成的，这对研究八角形符号的起源有着重要的意义[2]。当然，这不是简单的错位叠压，在双墩先民的原始思维中，“口”形符号是表现笼罩天际的“天网”，而八角形符号则表现了“天网”旋转变化时的状态。八角形符号后来成为规范的“✷”符号，融入了四极八方、天体运转的概念，这是原始先民“天网”宇宙观不断丰富和完善的结果。

在双墩先民的原始宇宙观里，太阳、星辰和四季转换都属于“天”范畴之内。这样双墩先民就完成了“罾网”——“天网”——“天”的意识观念的转换。当然，这不仅仅是双墩先民一个部落氏族的观念，随后的考古资料将证明：用“天网说”来解释天体形成、日月运行、星辰列布的现象，是新石器时期大江南北、黄淮流域先民们共同的思维意识。

三　诸多证据表明新石器时代远古先民“天网”观的存在

由于手头的资料有限，目前能够收集到有关“口”形符号的新石器时代遗址，仅仅涉及山东、安徽、江苏、上海、浙江、湖南、湖北等省，年代跨度为距今8000年至距今5000年左右（参见表一）。我相信还有更多的资料没有掌握，因为至今在我国南方少数民族中保留的古彝文、东巴文、哥巴文中尚有诸多文字与双墩遗址刻划符号相同或相似。即使如此，也可以看出“口”形符号在大江南北、黄淮流域得到广泛的应用。那么，他们所使用的意义是否相同呢？我想列举几个有重要意义和影响的例证分析一下：

1. 湖南八十垱遗址——“海星状”建筑遗迹[3]

八十垱遗址位于湖南省澧县梦溪镇五福村夹河北岸。面积约3万平方米。遗址文化堆积主要属彭头山文化时期，年代为公元前6500~5500年。遗址内发现有环绕聚落的围墙和围壕，整体呈南北向，南北长210米。遗址中有一个造型奇特的建筑基址F1（图一一，1）。根据描述：“这个建筑基址呈台基式，高出地面，整个建筑外观似海星状，四角外凸，四边内弧，基址上有中心柱F1D7，立柱时可能举行了某种祭祀活动，在立柱下H1底部发现了大量动物遗骸，以牛牙为多。推断该建筑基址为祭祀场所。”可以试想一下，这个“四角海星”状的建筑基址同双墩先民所刻绘的“罾网”十分相像，它的平面视图与定远侯家寨遗址出土的“口”形符号基本一致（图一一，2）。根据笔者对双墩遗址“口”刻划符号的

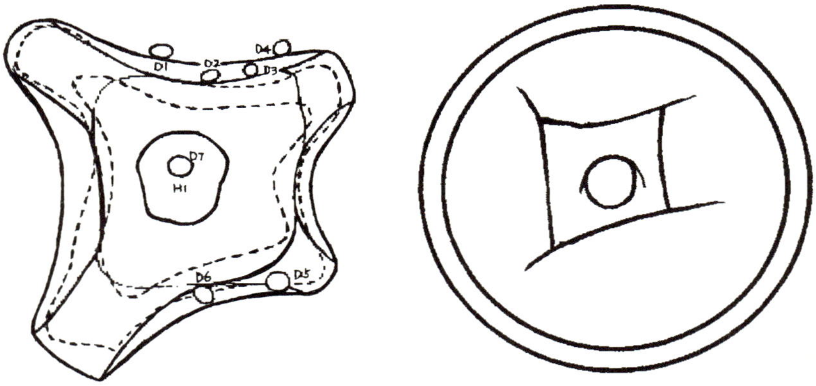

1　　2

图一一
1. 八十垱遗址F1平面图　2. 定远侯家寨遗址"□"刻划符号

考证，可以认定这是八十垱原始先民举行祭天活动场所。这是目前能看到的年代最早、与祭天活动有关的、最重要的文化遗迹现象。由于八十垱遗址的年代略早于蚌埠双墩遗址，可见"天网"宇宙观形成的时间会更早。

2. 安徽凌家滩遗址——"玉版"[4]

凌家滩遗址1985年发现于安徽省含山县铜闸镇凌家滩村，遗址总面积约160万平方米，经测定距今约5600年至5300年，是长江下游巢湖流域迄今发现面积最大、保存最完整的新石器时代聚落遗址。凌家滩遗址因1985、1987年发现玉龟、玉版、玉人等一批重要的玉器而引起学术界的关注。诸多学者对此进行了富有成果的研究。特别是对玉版雕刻的研究更是深入细致（图一二）。基本的观点认为："玉版上雕刻的纹饰，反映了5000年前凌家滩先民的原始哲学思想，即圆中心的八角星纹应代表太阳；小圆圈外、大圆圈之内的八个圭形纹饰应是表示东、西、南、北和东南、东北、西南、西北等八方；大圆圈外四角的四个圭形纹饰应是表示四维。四维和八方，可能就是《史记·龟策列传》中记载的所谓"四维已定，八卦相望"。按照凌家滩遗址的年代推测，玉版应该是"三皇"时代的原始八卦图。"

值得注意的是，许多学者曾详细考证过玉版的作用，但对于玉版采用长方形略内弧的外廓，往往解释为"天圆地方"（这种盲目的比附还运用在对良渚文化玉器"玉琮"的解释上）。这实际上可能超越了凌家滩原始先民的认知能力。原始先民观察天空时认为天是"罩"在地上的，天比地大。目前我国天文学史中关于古代最早的宇宙结构学说——"盖天说"，也是把天宇比喻为"伞"或"笠"，是"盖"或者"罩"在地上的。因此，对玉版的形制做出"天圆地方"的解释值得慎重。尽管玉版作为原始宗教的礼器或者神器已经规格化，赋予了相对完备的原始天文观。笔者认为，它所要表达的内容主体是"天"，而不是"地"。其实，如果将玉版的外廓和"□"形刻划符号做一个比较，就会发现两者的轮廓完全相似。如果立体的、象形的来看玉版图案，它依旧是一张巨型"罾网"——原始"天网"的形象。只不过这不是普通的"罾网"，它的每个局部都被赋予了特定的意义，值得我们更进一步的探究。

比如说玉版中心的八角星纹，诸多学者认为八角星纹代表的是太阳，值得商榷。在新石器时代人们表示太阳一直以象形为主，多为圆形外加射线或三角纹（象征火焰），直到甲骨文中的"日"字也还是圆形中间加一点。在先民们的原始思维中不可能舍弃象形而简约的手法，而去采用八角星纹这样相对复杂的符号来代表太阳。那么，凌家滩玉版中心的八角形图案代表什么呢？如果我们清楚玉版的图案源自于"罾网——天网"，这个问题就再明白不过了。笔者认为八角星纹实际代表的是“天极”，是天体旋转地“轴心”。在原始先民的思维中，这是悬系天网的地方，是天体最中心极高远的地方。有它悬系着天网，日月星辰才陈列有序，有了它的旋转，才有了日升月落、斗转星移的自然现象。所以，八角形纹所代表的只能是“天极”，而不能是太阳。

凌家滩遗址出土的玉版上图案与双墩先民的“天网说”宇宙观如此吻合，可以确定这不是巧合而是一种文化的传承。凌家滩遗址在中国新石器时代所处的重要位置，朱乃诚先生有个评价：“结合以往在凌家滩遗址发现的各种丰富的文化遗存，表明这里在公元前 3600~ 前 3300 年间的社会发达程度，居于先导的地位，对周边或其他地区产生了重要影响，是中国文明起源研究中需要重新审视的重要现象。”[5] 换句话说，凌家滩遗址已经具备了原始古国的要素，玉版以及一批玉器则代表了这个原始古国最神圣的“沟通天地”的神器。这表明：在上古时期的原始宗教和原始崇拜中，“天网”宇宙观的位置是相当重要而不可忽略。

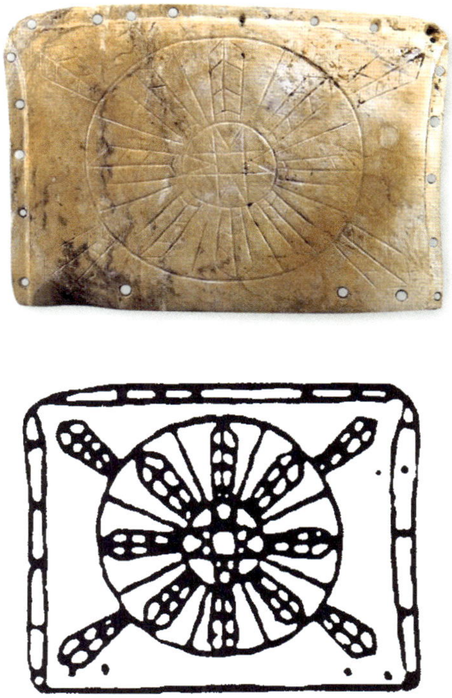
图一二　凌家滩遗址玉版

3. 良渚古国的飞天使者——立鸟图像

良渚遗址位于浙江省余杭县（现余杭区）和德清县境内，为新石器时代晚期文化遗址群，良渚文化就是以此命名。良渚城址的发现，基本可以确认在距今 5000~4000 年前存在着一个“良渚古国”，这是目前发现的公元前 2000 年前规模最大的城址。在“良渚古国”内外有分布密集的村落、墓地、祭坛等各种遗存，出土物中以大量精美的玉礼器最具特色。

在玉礼器的雕刻纹饰中，鸟纹图像占据了较为突出的地位。例如立鸟图像，下为略微束腰的长方形台座，上有三层阶梯。阶梯上立有连珠柄，其上有侧面翘尾立鸟。值得注意的是：长方形台座的中心或偏上部位，多为尾翼张开，双翅伸展的飞鸟正面图案，飞鸟的胸部往往刻划有“口”符号（图一三）。

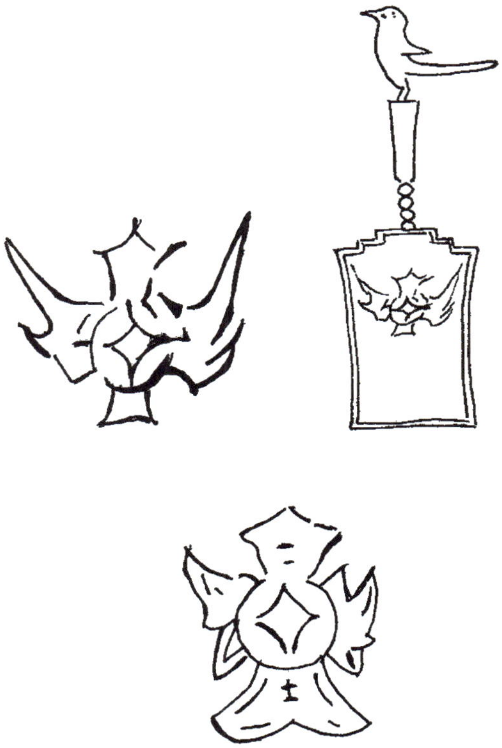
图一三　良渚文化鸟纹图像

良渚文化立鸟图像大都刻划在玉礼器上。在良渚古国的宗教文化和神权意志上，飞鸟图像代表着“飞天使者”的形象。而飞鸟胸前的“口”形符号就具有徽号的象征。这至少表明良渚先民在飞鸟与天空关联的思维中，“口”符号依然代表着“天”的意思。而飞鸟是飞翔在天空与人间的使者，能够传达天神的旨意，也能够沟通天神与人王的意志交流。拥有这个徽号就拥有了与上天交流的权力，也就拥有了能够代表上天传达神意的能力。虽然，"□"形符号在良渚古国已经失去了"罾网"的原意和"天网"的引申义，但作为代表"天"这个抽象意义的固定符号，已经起到了徽号或原始文字的作用。

同时，我们透过良渚文化大型祭台的形制（从俯视的角度来看），祭天重器"玉琮"外方内圆的形制，也都可以清晰地看到"□"形符号具有代表"天"的明确意义。

4. 陵阳河遗址——大口尊"□"形陶文

陵阳河遗址位于山东省莒县东南10公里的陵阳镇大寺庙、陵阳河南岸。为新石器时代大汶口文化遗址。该遗址于1957年发现，此后在莒县的陵阳河、朱家村、杭头遗址的考古发掘和采集物品中陆续发现了大口尊上的刻划符号（又称"陶文"）约20余件。"□"刻划符号就是其中的一种（图一四）。陵阳河陶文的刻划部位均在大口尊的上腹部，且均出现在大中型墓葬中，应为部落氏族中的上层人士所享有。对于陵阳河遗址大型墓葬出土"□"刻划符号，此前曾有学者做过多种解释，现在看来把它解释为"天"更为合理一些。因为有资格享用刻有"□"形符号的大口尊，不仅仅是身份的象征，更多的是包含了墓主具有"通天地"的能力和希望升天的愿望。

总之，"□"形符号在八十垱遗址成为原始先民祭天的遗迹现象；在高庙遗址成为"族徽"的中心标志；在凌家滩遗址玉版上，长方形略内弧的外廓成为天体的象征；良渚遗址玉礼器上飞鸟胸前的"□"符号，成了"通天地"的徽号；在凌阳河遗址大型墓葬的陶尊上，"□"形符号成为墓主死后升天的愿望。这都意味着"□"形符号在新石器时代中晚期（距今8000~5000年），在相当广泛的区域内成为代表"天"的特定符号（表一）。双墩先民遗留给我们的系列"罾网类"刻划符号，让我们理清了从"罾网——天网——天"的演变过程。也让我们找到了原始先民创造的、曾经盛行数千年的"天网"宇宙观。直到今天，"天网说"作为中华民族重要的文化元素还隐现我们的文化和生活中。

1　　2

图一四
1. 陵阳河 M25　2. 大朱村 M26：3

四　进入文明时代"天网说"成为重要的文化元素

"天网"宇宙观的形成年代大约有近万年的历史，它的发展和盛行应在新石器时代中晚期。"□"形刻符是双墩先民原始思维中对天体的认识，是"天网"原始宇宙观存在的文字记录。"天网"是原始宇宙观、原始宗教文化和神权意识构成的重要元素，在进入历史文明的门槛之后，依然作为中华民族的重要文化元素被传承下来。

1. "□"形刻符与甲骨文中"天"字的渊源探究

商代甲骨文是一种成熟的文字，甲骨文之前有一个文字起源、发展和成熟的过程，这是中国文字起源探索者们的共识。在没有发现夏代文字以前，为了探索文字的起源，他们不得不将视线投入到新石器时代中晚期纷纷出现的刻划符号之中去，希望能探寻到文字起源的脉络。而蚌埠双墩遗址600余件刻划符号正是处在刻划符号向原始文字转型的重要时期。它具备了传播知识、传承文化、记录事件和交流思想的作用，是探索文字起源的重要资料。

前面我们已经从双墩刻划符号中"罾网类"符号的演变关系，排列出"罾网——天网——天"的变化过程，并通过诸多事例确定"□"形符号的固定意义为"天"。

下面，我们还可以从殷商时期甲骨文中的"天"

表一 “□”形刻划符号分布一览表

名 称	地 点	年 代	图 形
八十垱遗址	湖南省澧县梦溪镇五福村夹河北岸	公元前 6500~ 前 5500 年	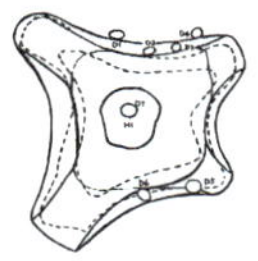
高庙遗址	湖南省洪江市安边镇岔头乡岩里村	公元前 5800~ 前 4800 年	
双墩遗址	安徽省蚌埠市淮上区小蚌埠镇双墩村	公元前 5330~ 前 4900 年	
侯家寨遗址	安徽省定远县七里塘袁庄村后	公元前 4900~ 前 3200 年	
大墩子遗址	江苏省邳州市四户镇竹园村东一里的高地上	公元前 4445 年	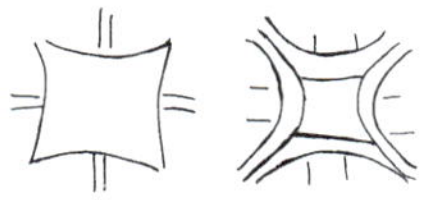
崧泽遗址	上海市青浦县城向东五公里处的崧泽村	公元前 3800~ 前 2900 年	
凌家滩遗址	安徽省含山县铜闸镇凌家滩村	公元前 3600~ 前 3300 年	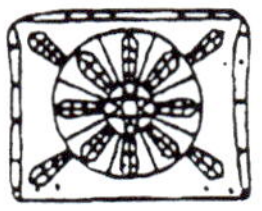
良渚遗址	浙江省余杭县和德清县境内	公元前 3300~ 前 2000 年	
尉迟寺遗址	安徽省蒙城县许疃镇毕集村东	公元前 2800~ 前 2600 年	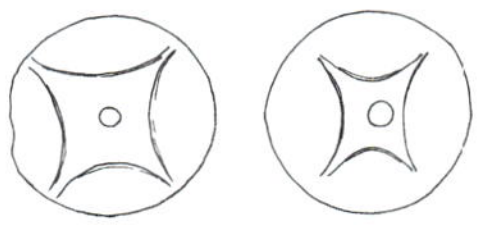
陵阳河遗址	山东莒县陵阳乡大寺村陵阳河南岸	公元前 2800 年	
大朱家村遗址	山东莒县东北 8 千米大朱家村	公元前 2800 年	
石家河遗址	湖北天门市石河镇	公元前 2600 年	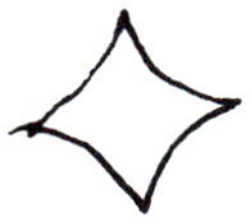

字的写法，看出它与“□”形刻划符号的渊源。

在甲骨文中，“人”字的写法都是侧立的（“”三期甲八五四），只有“天”字下面的“人”是正面直立的，只是头上加了一横表示“天”（“”一期乙六八五六）。这是因为殷商时期为奴隶制国家，只有帝王才可以正面直视对方，而其他人对于帝王只能是侧立斜视。这个“天”不仅是代表自然的天空，更重要的是代天而言、传达并执行天意的人，这个人就是帝王。在甲骨文的“”字就表现为头顶苍天正面直立的人。值得注意的是甲骨文中的“天”字还另有一种写法：即在正面立人的头上为“口”形（“”五期甲三六九〇）。这就说明甲骨文中“天”字正面立人的头上“一”和“口”都被指代为“天”。那么，如何解释甲骨文中“天”字的两种写法呢？

进入阶级社会以后，无论是奴隶制社会还是封建社会，统治者都把自己作为至高无上的“天”的代表。“奉天承运”就是他们的职责。当他们登上皇位要举行的最重要的仪式就是“加冕”，以表示自己具有代表“天”的资格。而这个“冕冠”的造型却令人玩味：如果俯视的看，冕冠为长方形；如果平视的看，冕冠就是一字形。这就和甲骨文中的两种“天”字的写法联系起来了。文字创造的主要方法之一是象形，甲骨文中“天”字的两种写法恰好同帝王戴冕冠的形象相同。因此我们推论：在新石器时代中晚期，这种冕冠的形式就可能已经成为氏族部落的首领——部落集团的领袖——原始古国的帝王一脉传承下来的标志性冕冠。商代甲骨文“天”字的两种写法，恰好代表了商代帝王头戴冕冠时的形象。只是后来“”形的“天”字被淘汰不用，又采用“帝”、“王”取代了“天”字的部分原意。后人已经不再了解“□”形符号与“天”字的关系了。

这样我们就能解释为什么历代皇帝的冕冠均为长方形了。从现有的皇帝绘画来看，历代帝王的冕冠都是长方形，到明代时冕冠才改为前圆后方，但整体依然为长方形。不仅皇帝如此，凡是被尊为帝王的神话人物、历史传说人物，他们在塑像和绘画上的冕冠都是一样的形式，例如玉皇大帝、大禹帝等等。而这种长方形的冕冠恰恰和“□”刻划符号十分相似，它们所代表的意义也基本相同，都代表至高无上的“天”。可见，皇帝的冕冠样式绝非凭空而来，而是有着极为久远的渊源。双墩“□”形刻划符号就是它的源头。

2.“天网”宇宙观对后世文化的影响

“天网说”是原始先民对天体宇宙形成的一种构想，这种构想的基础源于对“罾网”功能的神化和崇拜。由“天网说”延伸出来的原始宇宙观、原始宗教文化和神权意识一直渗透到后世文化之中。“天网”作为一个固定的词汇，依然活跃在我们的生活之中。

“天网”一词最早出自于老子的《道德经》第七十三章：“天网恢恢疏而不失”。老子是春秋时代人，是我国古代伟大的哲学家和思想家、道家学派创始人。此时老子所说的“天网”指的是“天道”，体现的是一种哲学思想。后来人们常常使用的“天网恢恢疏而不漏”则是指天道如天网，坏人是逃不过这个网的，作恶必受到惩罚。但是，“天网”这个词却不是老子杜撰，春秋时代“天网”宇宙观依然有相当的影响，老子不过是借“天网”来表示“天道”大而无形，无处不在的意思。

到了战国时期，“天网说”受到了严重质疑，其代表性人物就是著名的政治家、文学家屈原。屈原在不朽名著《天问》中一口气提出了172个疑问，涉及宇宙起源、哲学、天文地理、神话传说、夏、商、周史、春秋与楚国史等等。其中对天宇是由绳索悬挂维系的说法，以及日月星辰的放置提出了疑问：

> 斡维焉系？天极焉加？
>
> ……
>
> 日月安属？列星安陈？

意思是：旋转着的天宇绳索是怎样系着的呢？它那中央不动的顶端又是如何安放？日月是怎样悬挂天空而不坠？星辰又如何陈列在天空呢？这说明屈原对“天网说”宇宙观已经有了质疑和批判。但反过来说，这也证明直到战国时期还有人认为天体是由一张巨大的“天网”所构成。“天网”的原始宇宙观依然存在。

结　语

在中国古代天文学里，有关天地生成，宇宙结构的描述有两种说法为世人熟知，那就是“盖天说”和“浑天说”。盖天说据推测在西周初期形成，大约有三种说法。其中《晋书·天文志》记载较为完善：“其言天似盖笠，地法覆盘，天地各中高外下”。而“浑天说”起源较晚，以张衡《浑仪注》为代表：“浑天如鸡子。天体圆如弹丸，地如鸡子中黄，孤居于天内，天大而地小。天表里有水，天之包地，犹壳之裹黄。天地各乘气而立，载水而浮。”最终，“浑天说”能够更好地解释各种天文现象而为大多数人们所接受，成为我国天文学思想中长期占统治地位的体系。

笔者认为：“天网”宇宙观应该真正是中国古代最早的一种宇宙结构学说。盖天说与天网说似有相似之处。究其渊源，天网说更接近原始先民的宇宙观。本文列举的诸多事例和研究结果都证明了在新石器时代中晚期“天网”宇宙观已经广泛运用。至于“天网说”作为一种宇宙观没有在中国历史文献中出现，原因较为复杂。第一，在原始社会各部落集团之间、各古国之间的原始宗教、原始崇拜千差万别，“天网说”虽然影响的地域广大，但它可能不是原始宇宙观的唯一；第二，原始刻划符号在向文字演变的过程中，部分刻划符号会随之消失，它所具有的原意也随之消失。如“口”形刻符几经演变，原意已经由罾网、天网最后固定为“天”。但当甲骨文的“天”字出现后，“口”形刻符所包括部分内涵就完全消失了。当人们再看到“口”形刻符时就不会知道它的意义，这一点是可以理解的。第三，人类创造的文化由于历史的进步而不断创新，旧的、落后的、死掉的文化就会被淘汰；它们或者会由于部族的消亡而消亡；或者随着部族的迁徙而边缘化。如同天网说被盖天说取代，盖天说被浑天说取代，而浑天说直到明末西方天文学体系进入我国才开始改变，这一切都是历史进步的必然。

因此，通过双墩遗址刻划符号等考古材料的研究，考证出“天网说”是我国古代最早产生的宇宙观。这是对远古历史文化的复原，是对中国天文学史的补充。它使中国古代宇宙结构学说的起源上溯至距今七八千年。作为双墩遗址刻划符号的研究者，毕数年之力，偶有一得。谬误之处，敬请指正。

注 释

[1] 徐大立：《试析双墩遗址植物类刻划符号》，《东南文化》2006年第6期，第71页。

[2] 徐大立：《蚌埠双墩“口”形刻划符号释义》，《东南文化》2007年第6期，第78页。

[3] 湖南省文物考古研究所编著：《彭头山与八十垱》，科学出版社，2006年。

[4] 安徽省文物考古研究所：《凌家滩——田野考古发掘报告之一》，文物出版社，2006年。

[5] 朱乃诚：《21世纪初中国文明起源研究的主要特点、成果与展望》，中国考古网。

禹会涂山的古文化和新生命

吕春瑾（蚌埠学院淮河文化中心）

禹会遗址是对中华文明起源研究具有重要学术价值的国家级大遗址。遗址的考古发掘证实了《左传》“禹合诸侯于涂山，执玉帛者万国”和《史记》“夏之兴也以涂山”的记载，为礼乐起源和国家起源的研究提供了重要学术支撑。“禹会涂山，夏以之兴”的证实，不仅彰显了蚌埠所在的淮河中游区域在中华文明形成过程的重要地位和关键作用，而且能够佐证中华文明的某些本质性特征，因此对于古代淮河文明乃至中华文明，都具有重大的历史文化意义。当此中华民族文化觉醒之时代，“禹会涂山”将焕其新生，为淮河文明的承古开新，为中华民族的伟大复兴奉献精神指引和文化动力。

一　禹会涂山的古文化价值

1. 华夏疆域偶像的塑造

《左传·哀公七年》记载，“禹合诸侯于涂山，执玉帛者万国。”[1]禹在涂山（安徽省蚌埠市西）合会诸侯，当时万国（氏族部落）来会，举行了中国最早的诸侯合会之礼。玉帛为古代行礼之物。玉帛之礼是礼的表面形式，即礼之迹；至于礼之本，是大禹与诸侯间的关系条理，也即礼之理。大禹平治水土，利天下万国，万国都感恩禹功；大禹思日孳孳、仁爱勤勉，万民都敬重禹德。因此，万国对大禹之敬，是一种主动的心态，由敬爱而顺服遵奉，执玉帛来礼会。因此对于理解华夏礼乐文明的内在精神，“禹会涂山”具有一定启示作用。

涂山合会意味着：凭借令人敬服的功与德，大禹已然君临天下，由此被后人视为夏代兴起的标志。《说文》云：“夏，中国之人也。”“夏”字像人形，其最初含义是一个民族的称谓，后来引申为大义。孔颖达释：“中国有礼仪之大故称夏”[2]。禹的时代，是由氏族到国家的过渡时代。从夏代开始，中国从氏族公社时期进入了有城市、国家、文字和伟大艺术的“文明社会”时期。“禹会涂山”是华夏民族在疆域方面“大一统”格局的初步奠定，君临天下的大禹自然地被后世尊崇为国家疆域的偶像，岿然屹立于中国文明史的源头。今天我们探究国家的起源和本质，“禹会涂山”就是重要的学术支撑。

著名历史学家顾颉刚说，战国、秦、汉之间形成的典籍树立了两个上古时的大偶像：“种族的偶像是黄帝，疆域的偶像是禹。这是使中国之所以为中国的，这是使中国人之所以为中国人的。两千余年来，中国的种族和疆域所以没有多大的变化，就因这两个大偶像已规定了一个形式。除了外族进来混合在中国人的集团里之外，中国人总不愿把这个旧形式有所改变。所以虽不会很缩小，也不会很扩张了。”[3]先秦以来，黄帝和大禹被树立为种族和疆域的偶像，相应的民族认同感和疆域意识也固化在尊祖敬宗的炎黄子孙心中，几千年来世代相传，对两千余年来的中国文明造成重大的影响，使得这个国家在治乱分合、夷夏进退的反复循环中，始终基本稳定地保持着这两大偶像规定的旧形式。可以说，正是“禹会涂山”塑造了大禹这位华夏民族的疆域偶像，促成了华夏民族对“大一统”疆域模式的认同，规定了中国之所以为中国的一个形式。

2. 中国文化偶像的诞生

禹会涂山，夏代肇启。禹治水理政的智慧和德业直接成为夏商周三代王官学的源头。据《尚书·洪范》记载，周既克殷，武王向箕子请教治国之道，箕子告诉武王：“我闻在昔，鲧陻洪水，汩陈其五行。帝乃震怒，不畀洪范九畴，彝伦攸斁。鲧则殛死，禹乃嗣兴，天乃锡禹洪范九畴，彝伦攸叙。”[4]箕子首先述其治道根源——禹之洪范九畴。他说，从前鲧用障塞的办法治洪水，是汩乱五行，逆天道而为，舜帝震怒，鲧不得九种大法，万物伦序混乱不明。鲧被处死后，禹继承父业，天赐禹九种大法，万物伦序粲然具陈。紧接着，箕子向武王传授禹的九种大法，“初一曰五行，次二曰敬用五事，次三曰农用八政，次四曰协用五纪，次五曰建用皇极，次六曰乂用三德，次七曰明用稽疑，次八曰念用庶征，次九曰向用五福，威用六极。”九种大法，五行居首，八用从之。五行是天道运行之理，八用为天道见诸人事，从之则治，违之则乱。五行等九种大法成功地指导了大禹治水理政的实践，后经箕子作《洪范》、传武王，为周王朝的立国奠定了政道合一的思想基础。周朝享国八百年，是中国历史上最久的朝代。禹文化的接续给周文化的发展指明了不同于商文化的人文方向，影响了周朝时夷夏文化观念的形成。周代人文精神焕发、礼乐文明昌隆，成为治世的典范。禹作为五行等九种大法的始祖，也成为后世尊崇和效法的先圣。

禹之道术作为夏商周三代王官学的源头，长久地影响了后世的经史之学。大禹作为政道合一的典范，被后代尊为内圣外王的中国文化偶像，禹会涂山也成为天下大同文化理想的原型。春秋战国时，征夺相寻、杀戮不断，太平的圣王时代已然逝去，先秦的思想者们纷纷回顾历史，深思国家有道无道、治乱存亡的来龙去脉，形成种种志于救世的哲学思想，此后两千多年来中国文化的理想于是诞生。这些文化理想的原型就是尧舜禹的时代，中华先哲们在回顾尧舜禹等圣王道术的基础上，强调不同侧面，发展出新理论，成就了中国思想的巅峰。老子说：“是以圣人后其身而身先，外其身而身存。非以其无私邪？故能成其私。”（《道德经》第七章）孔子说：“禹，吾无间然矣。菲饮食而致孝乎鬼神，恶衣服而致美乎黻冕；卑宫室而尽力乎沟洫。禹，吾无间然矣。”（《论语·泰伯》）荀子说：“‘涂之人可以为禹’，曷谓也？曰：凡禹之所以为禹者，以其为仁义法正也。”（《荀子·性恶篇》）不论是强调无私奉献，还是仁义法正……在王的标准上，中华先哲都认为必先内秉圣德，方能外行王道，也即“内圣外王”。

内圣外王成为中国古代文化偶像的标准，圣王相应的文化功业就是天下大同。禹会涂山，天下来同，就是中国古代内圣外王、天下大同文化理想的原型，对几千年来的中国传统文化造成深刻而久远的影响。荷兰汉学家哥罗特指出，中国的宗教、整体思想应当称之为“天下大同说”，哲学史上经常使用儒家学说、道家学说等等说法，它们都仅是构成中国整体思想的一部分。中国人认为，宇宙是由天、地、人的统一而产生的，那么中国的宗教可以认为是宇宙的整体保持一种互相协调状态的宗教[5]。“禹会涂山”在大一统文明进程中起到重要作用，对中国文化产生了广泛而深远的影响，尤其是促成了华夏文明对内圣外王、天下大同文化理想的认同。以上探究了“禹会涂山”对古代中华文明的意义，在此基础上，我们还应立足当下的新时空，创变新文化。

二　禹会涂山的新文化生命

“让文化遗产活起来”是党中央对文物工作提出的最新要求。2014 年习近平在联合国教科文组织总部中演讲时说：“让收藏在博物馆里的文物、陈列在广阔大地上的遗产、书写在古籍里的文字都活起来，让中华文明同世界各国人民创造的丰富多彩的文明一道，为人类提供正确的精神指引和强大的精神动力。”如何让文化遗产活起来，“一带一路”理念及其实施堪称典范。丝绸之路是两汉时开创的以洛阳、长安为起点，连接东西方文明的陆上贸易和文化交流通道。“一带一路”国家战略的形成，就建立在古丝绸之路概念的基础上，目的在于续写古丝绸之路的新篇章：探索新世纪区域合作与发展的新模式，最终形成互利共赢的“利益共同体”和共同繁荣发展的“命运共同体”。“禹会涂山”是祖先留给我们的宝贵文化遗产。让这笔国宝级的文化遗产活起来，焕发新的文化生命，不仅能够起到以地方文物工作推动区域文明进程的作用，而且可以为中华民族乃至人类文明贡献某种精神指引和精神动力。

1. 疆域、文化偶像与两岸关系

大禹作为疆域和文化偶像，深刻持久地影响了华夏民族对“大一统”疆域模式，对“内圣外王、天下大同”文化模式的认同。固化在炎黄子孙心中的民族、疆域、文化认同，让海峡两岸能够达成“一个中国”的共识，共同为最终实现两岸的和平统一而努力。“一个中国”系以传承中华文明与中国历史为纽带，以维护中国主权统一和领土完整为根本，以推进双方经济融合与发展为基础，以追求国家政权最终归一为目标。为解决台湾问题而提出的“一国两制”伟大构想，正是天下大同的文化理想在新时代的体现。大陆和台湾虽然社会制度不同，但两岸的文化认同和爱国精神是相同的，这是大同的基础。两岸可以各存其异，求其大同，可以互相合作、以求共存共荣，共同创造符合新时代的中华文明，和平统一大业终将水到渠成。禹会涂山，天下来同的古老中国智慧，对于今天推进海峡关系，解决两岸问题，是有重要现实意义的。

“十三・五”规划纲要第三十四章《建设和谐宜居城市》中提出，要提高城市开放度和包容性，加强文化和自然遗产保护，延续历史文脉，建设人文城市。“禹会涂山”不仅有力证实了蚌埠地区拥有悠久厚重的文化历史，而且可以作为蚌埠重新崛起的文化根脉，成为蚌埠对外交流的文化名片。蚌埠市在“十三・五”期间，可以借助“禹会涂山”这张文化名片，以蚌埠市博物馆、禹会国家遗址公园、涂山风景区等为依托，以弘扬大禹文化及相关民俗文化交流为核心，与台湾地区加强经济文化交流，让文化遗产不再是远离百姓、没有生命的化石，而是做成直接关系民生幸福指数的文化大餐。这些文化交流活动，不仅可以提高蚌埠的开放度，而且能够对蚌埠地区的经济文化发展，对两岸的和平统一起到促进作用。

2. 文化偶像与中国梦

在古代，“禹会涂山”影响了国家文明进程，促成了中国人对内圣外王、天下大同文化理想的认同。往事越千年，站在涂山之巅，我们不能满足于对“禹会涂山”的考古和历史阐释，而应当激活“禹会涂山”新的文化生命。如何谱写涂山文化的新篇章，需要我们先通古今之变。淮河古代文明在中华文明起源时期起到至关重要的作用。蚌埠地处淮河中游，特殊的地理位置让她在中华文明的大一统进程中扮演了重要角色，此文化现象发生的前提是：大禹治水、合会诸侯——文明起源的时代是自然地理时代。斗转星移，随着交通和通信的蓬勃发展，自然地理时代的古老中国已然远去，这个文明古国又迎来了自身文化觉醒的时代。在 2013 年 3 月的第十二届全国人民代表大会第一次会议上，习主席系统阐述了“中国梦”理念。他说，中国梦是民族的梦，也是每个中国人的梦。他还用了“三个必须”来指明实现“中国梦”的路径：实现中国梦必须走中国道路；实现中国梦必须弘扬中国精神；实现中国梦必须凝聚中国力量。探索中国道路、弘扬中国精神、凝聚中国力量，必然要上溯中华文化的源头活水，研究开启大一统文明之路的“禹会涂山”，从中汲取洪范九畴的中国智慧、内圣外王的中国力量、天下大同的中国精神，为中国梦奉献精神指引和精神动力。

“十三·五”规划纲要第六十七章《提升国民文明素质》中提出，要传承发展优秀传统文化，实现传统文化创造性转化和创新性发展。今天的蚌埠是淮河流域的中心城市，理当引领淮河文明的承古开新。以禹会遗址为历史文化依据创建国家遗址公园，就是盘活禹会涂山这笔文化遗产的具体举措。创建文化遗址公园是一项遗产保护和文化创新相得益彰的创新性工作，除了需要扎实的考古研究，还进行准确的文化定位和科学的整体规划。禹在荆涂劈山导淮、娶妻生子，合会诸侯，说明禹在涂山一带进行过长时期的治水和大范围的管理。因此，有必要对禹墟扩大发掘，结合相关文化现象深入研究大禹治水理政的智慧。习主席多次提倡“让文物说话、把历史智慧告诉人们。”创建禹会国家遗址公园，可以考虑以“通古今之变的中华圆梦”为宏观主题，具体结合《尚书·洪范》中大禹治水理政的九种大法，进行生动的阐释宣传和创造性转化利用。比如，结合当代生态建设的需要，对大禹治水中的生态智慧进行创新转化；结合当代政治文明建设的需要，对禹会诸侯中礼乐的内在精神进行弘扬学习等等，从“禹会涂山”的古文化中汲取智慧、精神、力量，为蚌埠经济社会发展、生态文明、政治文明的建设提供厚重文化支撑，为当前社会转变经济发展方式，解决人与自然关系提供有价值的视角和途径。

盘活禹会涂山这笔国宝级的文化遗产，是历史交给蚌埠的一项光荣使命，同时这项使命也给蚌埠提供了以文化优势带动城市发展的宝贵机遇。蚌埠市应肩负使命、抓住机遇，做好“禹会涂山”及涂山文化的新文章。

注 释

* 本文为2013年蚌埠学院淮河文化研究中心项目“蚌埠历史与中国大一统进程”（bbxyhhwh201308）；2015年教育部人文社会科学青年基金项目《双墩刻划符号的文化人类学研究》（15YJCZH103）。

[1] 李梦生撰《左传译注（下册）》，上海古籍出版社，2004年，第1315页。

[2]《十三经注疏（下册）》，上海古籍出版社，2007年，第446页。

[3] [清]崔述撰著，顾颉刚编订：《崔东壁遗书》，上海古籍出版社，1983年，第13页。

[4] 李学勤主编《十三经注疏·尚书正义》，北京大学出版社，1999年，第297页。

[5] [德]卡尔·雅斯贝尔斯著，李雪涛等译：《大哲学家》，社会科学文献出版社，第757页。

安徽省荣军医院怀远新址建设工地古墓群形制初考

蒋慧君　陈立鼎（怀远县文物管理所）

怀远县地处淮河中游，县城坐落在荆山脚下，涡河、淮河环绕城边并在城东北交汇。属温带湿润季风气候区，雨量充沛，土壤肥沃。荣军医院新址建设工地位于县城关下和路东、榴城路北交叉点的北角上，占地面积66043平方米。

2010年5月，该建设工地发现古墓葬被盗迹象，县文物管理所将这一情况报告了安徽省文物局，安徽省文物局委派安徽省考古研究所对此建设工地进行了考古调查，发现古墓葬216座、遗址坑8个，出土文物443件。发掘时间为2010年7月6日~2010年8月30日。

本次发掘的216座古墓葬中，汉代墓葬38座、南北朝墓葬2座、唐代墓葬19座、宋代墓葬19座、金代墓葬2座、明代墓葬36座、清代墓葬99座、民国初年墓葬1座。

此次发掘的古墓葬墓葬形制多样，依其墓葬的时代顺序分述如下。

一　汉代墓葬

1.甲字形砖室墓（也称凸字形），以编号2010HRM19为例，平面呈甲字形，分墓道墓室两部分，方向30°，墓室为长方形砖券结构，因被盗扰，顶部及墓墙大部分已不存。从仅存的部分墙体观察，其砌法为两平一立，双层墙体，顶部用契形砖起券呈半圆形拱顶状。墓室长474、宽216、深179厘米。墓道为梯形斜坡状，居墓室北侧，出土铁剑1柄、

图一　2010HRM19

铜镜1面、小铁刀1柄、耳珰1件，北侧出土陶楼1件、陶罐4件、陶盆1件、陶井1件（图一）。

2. 中字形砖室墓，编号2010HRM87，平面呈中字形，分墓道和墓室两部分，方向104°，墓道为长方形斜坡，长216、宽80、深0~12厘米。墓室呈中字形，分甬道、前室、后室三部分，均有青砖砌筑，甬道内宽与墓道同宽，其外砌双重墙砖。墓室整体砌法为三平一立，墓室通长526、宽146~290、深120厘米。甬道长145、宽80厘米。出土铜带钩2件、印章1枚、陶井1件、陶圈1件（图二）。

3. 刀形带耳室砖室墓，以2010HRM96为例；平面呈刀形，由墓道、甬道、墓室、耳室四部分组成，方向110°；墓道为长方形斜坡。墓道长300、宽90、深10~90厘米。墓室平面呈刀形，东西向，耳室紧接甬道。整体墓室均用双重青砖砌墙，其砌法为三平一立，墓底铺人字形铺地砖，耳室券顶保存较好，出土铜镜1面、铜泡钉3件、陶盆（残）1件、陶豆（残）1件。该墓均用网格纹，乳钉纹青砖砌筑，室内显得富丽堂皇，青砖尺寸为长33、宽16、厚6厘米（图三）。

二　南北朝墓葬

以编号2010HRM13为例，竖穴砖室墓，无墓道，方向205°，为一砖室结构的墓葬。顶见直径50厘米盗洞，出土“货泉”铜钱1枚，青釉瓷片若干，可观其形的有四系罐口沿，碗片等。其墓长420、宽150~216、深184厘米。其顶部为券顶形式，依其形制特点结合出土物推测，时代应为南北朝时期（图四）。

三　唐代墓葬

1. 编号2010HRM130、M155，形制相同，方向均朝南165°~195°，为中型砖结构船形墓。墓道较

图二　2010HRM87

图三　2010HRM96

图四　2010HRM13

图五　2010HRM130

图六　2010HRM155

图七　2010HRM74

短呈斜坡状；墓室呈腰鼓形，周围砌砖呈船形，一般砌法为两平一立，且立砖砌成锯齿形，底铺人字形错缝铺砖，比较讲究。墓室一般长340、宽90~185厘米，墙体一般为单砖砌筑。M130出土“开元通宝”铜钱1枚（图五）；M155出土黄釉瓷罐1件，底瓷碗1件（图六）。

2. 竖穴长方形小砖室墓，结构简单。2010HRM74、M79、M111、M114等均属此种形制。该形墓一般长230~280、宽50~76、深30~60厘米，一般无棺。骨架比较零乱，已无法看清。这类墓可能为迁葬形式居多，砌砖就代表棺椁，方向均为南北向。M74出土铜镜1面、瓷盂1件、铁匕首1件、铜钱数枚（图七）；M111出土铁剪刀1把（图八）。

四　宋代墓葬

1. 船形砖室墓，编号2010HRM89，平面呈毛笔形，分墓道和墓室两部分，方向150°，墓室为三平一立砌成船形，墓门砖券保存较好，墓室顶毁，墓室长380、宽30~150、残深100厘米左右。其顶应为券顶形式。墓室内骨架因扰动已无法辨认；出土带盖陶罐1件、黑釉瓷壶1件、铜钱1枚，另外出土大量豆绿釉瓷片（图九）。

编号2010HRM42，椭圆形竖穴，内用青砖砌成船形券顶，无葬具，无随葬品，骨碎且零乱，墓室规格较小，长145、宽40~105、深79厘米，为迁葬形式船形砖室墓（图一〇）。

图八　2010HRM111

图九　2010HRM89

2. 龟形砖室墓，编号 2010HRM41，方向 170°，用青砖砌成龟形，头居西，尾居东，腹部呈方形圆角。其砌法为单砖平砌，腹部四角分别用 3 块立砖做成龟腿，其顶砌成穹隆状，墓底呈圜底状，内有少量骨渣，应为迁葬形式。墓室长 300、宽 30~160、深 115 厘米。用砖砌成龟形，形制独特，值得思考（图一一）。

3. 竖穴土坑墓，以编号 2010HRM80、M83 为例，均为双棺合葬墓。长 226、宽 130、深 156 厘米。方向分别为 354°、340° 左右。M80 西壁有一小龛，其龛内置陶罐，内有小孩烧骨残骸。M80 出土陶罐 2 件、青瓷碗 1 件、瓷瓶 1 件（图一二）。M83 内出土四系瓷瓶 1 件、陶罐 1 件、正方形墓志砖 1 块（图一三）。M95 内出土有祥符通宝、政和通宝、元丰通宝钱币数枚。

4. 长方形小型砖室墓，长方形竖穴坑内用砖砌成长方形券顶形式，其内置骨架，无葬具及随葬品，以编号 2010HRM156 为例。其墓室长 230、宽 70~80、深 45 厘米，方向 160°，骨架零乱，为迁葬砖室墓（图一四）。

五　金代墓葬

为竖穴土坑墓，以编号 2010HRM118 为例，平面呈不规则长方形竖穴土坑，方向 335°，长 260、宽 120、深 150 厘米，单棺，较一般棺窄，骨架保存较好，头向西北，面向上，仰身直肢葬，出土金代"大定通宝"数枚（图一五）。

六　明代墓葬

1. 竖穴土坑 3 棺墓，以编号 2010HRM110 为例。平面呈方形竖穴，内置木棺 3 具，竖穴长 290、宽 280、深 230 厘米，方向 350°，一穴同葬 3 具棺木，排列有序，为一次性葬入，在墓边找不出重复埋葬开挖的痕迹，且墓边平直规整，值得研究。明清以来，我国北方流行一种葬俗，即夫妻先逝者暂不葬入墓，先放在棺木内寄于寺庙或搭草棚暂放起来，称之先"丘"起来，等配偶逝后一同葬入，称为改葬。M110 的 3 具棺木即属此种形式，三棺北侧随葬陶罐

图一〇　2010HRM42

图一一　2010HRM41

图一二　2010HRM80

2 件、陶壶 5 件、铜钱 50 枚（图一六）。此种葬式此次发现 2 座。

2. 竖穴土坑双棺合葬墓，此种风格比较普遍。以编号 2010HRM95 为例，平面呈梯形竖穴土坑，内置棺木 2 具，方向 234°，墓长 276、宽 150~186、深 100 厘米左右。头向西南，面向上，随葬陶罐 2 件、陶瓶 1 件、铜钱 15 枚（图一七）。

七　清代墓葬

本次发掘清理的墓葬中清代墓葬较多，其中大部分为清代初期和中期的墓葬，晚期较少。其形制均为竖穴土坑墓，可分为合葬墓与单棺墓两种形式。

1. 合葬墓以编号 2010HRM91 为例，竖穴土坑墓，方向 250°。其墓长 220、宽 50~70、深 50 厘米左右。内置棺木两具，骨架保存较好，棺长 174、宽 50~60 厘米，头向西南，面朝上，仰身直肢葬。随藏品有：小陶罐 2 件、青花瓷碗 2 件、银钗 1 件、银簪 1 件、铜钱 4 枚、铜纽扣 1 枚（图一八）。

2. 单棺墓以编号 2010HRM125 为例，居发掘区中部偏西，方向 340°，竖穴土坑双棺墓，墓葬长 250、宽 132~154、深 100 厘米。头向北，面向上，仰身直肢葬。随葬铁灯 1 件，瓷碗 1 件、铜钱 2 枚（图一九）。

结　语

本次发掘出土文物 443 件，其中有玉器、银器、青铜器、印章 1 枚、石砚 1 件、石珠 1 枚、铁器、铜钱 131 枚（包括汉、唐、宋、金、明、清等时代的钱币）、陶瓷器（主要是汉、南北朝、唐、宋、金、明、清各时代的随葬器物，可分为陶仓楼、陶罐、陶盆、陶盘、陶灶、陶壶、陶井、陶圈、陶豆、瓷罐、瓷壶、瓷碗、瓷瓶等器物）。料器 2 件，均为饰品。

图一三　2010HRM83

图一四　2010HRM156

图一五　2010HRM118

图一六　2010HRM110

图一七　2010HRM95

图一八　2010HRM91

图一九　2010HRM125

此次抢救性发掘，收获和意义可以概括为以下几点。

1. 此次发掘的汉代墓葬规模较大，葬墓主要分布在发掘区东北、东南和中部东区 3 大区域。其家族特点明显，墓葬形制多样，均为砖券结构，随葬品丰富，充分展示了东汉时期大兴厚葬之风俗习惯。不幸的是所有汉代砖室大墓均遭不同程度的盗扰破坏，M19 汉墓所出土的陶仓楼在淮河流域亦不多见。本次发掘出土的汉砖有两种类型，一种为素面砖，一种为花纹砖，从其出土文物比较，素面砖墓应晚于花纹砖墓。

2. 此次发掘的唐、宋墓群，形制多样，风格各具特色，从船形砖室墓的特点观察，唐代船形墓船头部分比较方直，船头较大，中部略显宽阔。宋代船形墓船头尖廋上翘，呈条形，两者砌砖方法略同，显示了船形墓的演变趋向。另外，发现了宋代龟形砖室墓，龟者，古之“玄武”也，“玄武”古代被称为四神之一，在唐宋之际，特别是在宋代，“玄武”被称之为“地轴”里的“天官”，被示之为镇墓神物，此次所发掘的龟形墓其造型风格为考古研究工作提供了不可多得的资料。对进一步研究唐、宋时期民间丧葬习俗具有重要意义。

3. 此次发掘了金代竖穴土坑墓 2 座，出土了“大定通宝”钱币。据“怀远县志”史料记载：“南宋时，淮北一度沦为金国之地，在这里改设荆山镇。金亡后，南宋收复，复设荆山县。”这也侧面印证了淮河北岸曾被沦为金国之地的历史，为研究怀远县史及淮洒北岸历史提供了实物佐证。

4. 此次的发掘成果对研究淮河流域怀远地区从汉代至明清时期的民间葬俗习俗有较高的参考价值。

馆藏精品研究

浅谈安徽省文博单位馆藏历史货币资源及其利用

方成军（安徽大学历史系）

一　馆藏历史货币的基本情况

安徽省钱币学会编著的《安徽历史货币》[1]一书，已由安徽人民出版社出版，该书是新中国成立以来第一部系统阐述安徽货币发展史的专著，同时该书收入700余枚珍贵的货币资料，它们来自安徽省文博单位馆藏藏品、安徽省钱币学会藏品以及全省钱币收藏者的藏品。

承蒙安徽省文物局以及全省文博单位的大力支持，《安徽历史货币》使用了安徽省文物数据库中的历史货币资料。该数据库的历史货币均为已鉴定、确认为国家一、二、三级文物藏品，故一定程度上反映了安徽省文博单位馆藏历史货币资源的现状。其基本情况见表一～三。

一级品共316件，以战国楚金币最多，为282件，其他一级品以金银币居多。一级品鉴选标准以国家文物局2001年颁布的《文物藏品定级标准》

表一　安徽历史货币件数及单位分布

级别	一级	二级	三级
件数	316	194	838
单位分布（个）	22	14	41

注：缺安徽博物院三级品资料。

表二　安徽历史货币时代分布

级别 / 时代	一级	二级	三级
商	1	–	–
战国	283	141	28
秦汉	12	4	209
魏晋至隋	–	–	8
唐五代	1	–	252
宋辽西夏金	13	27	56
元明	–	6	16
清代	5	3	28
近代	1	13	3

注：①该库无安徽博物院的三级文物资料；
②三级品时代分布仅统计排名靠前的阜阳、宿州、合肥、长丰、蚌埠等地文博部门的藏品。

表三　安徽历史货币来源统计

来源	一级	二级	三级
出土	219	132	79
拨交	73	32	207
购买	1	1	16
征集	20	11	33
交换	1	–	4
捐赠	1	–	67
其他（拣选等）	1	18	194

注：三级品统计件数为藏品排在前的阜阳、宿州、合肥、长丰、蚌埠文博部门的货币藏品资料。

以及《一级文物定级标准举例》为准，后者第 14 条"钱币"条规定："在中国钱币发展史上占有特别重要地位、具有特别重要价值的历代钱币、钱范和钞版"为国家一级文物藏品。一级品分布单位情况及简况见表四、表五。

二级品共 194 件，见表六。

三级品历史货币 838 件，分布于全省 41 个文博单位，其中截止资料收集时，该文物数据库中还缺少安徽博物院的三级品货币资料，故全省文博单位三级品历史货币的实际数量应远远不止 838 件。

二　馆藏历史货币资源的作用

1. 研究安徽货币史的重要资料

安徽从商代中期起，临近中原的淮河流域开始使用贝币，亳州、临泉、阜阳、萧县、涡阳等地有贝币出土[2]。南方长江流域西周至春秋广泛流通青铜块以及青铜斧等金属称量货币[3]。安徽博物院珍藏有一级品大铜贝。

战国时期，尤其是后期，安徽成为楚国政治、经济、文化中心，楚都寿春为当时国内大都市之一，安徽成为楚币的铸造和流通中心，楚币在全省广泛流通，其出土量居国内之首[4]，形成安徽货币史上的第一个繁荣时期。一级、二级品中楚金币共 408 件，占历史货币一级、二级品的 80%。

秦汉时期，安徽是当时铸币的重要地区。西汉前期吴王刘濞以丹阳铜即山铸钱，"富埒天子"[5]。皖北一带是新莽铸钱中心，发现一批铸钱遗址，蚌埠、滁州、池州等地珍藏有这一时期铸钱的铜范、石范、陶范[6]。

东晋南朝，安徽继续是全国钱币的铸造基地，位于今池州的梅根冶以炼铜铸钱闻名于世[7]。

唐代宣州矿冶业位居全国第二，更以丰富的铜矿资源，成为铸钱的主要地区，唐政府在此设

表四　一级品历史货币分布单位前三名

单位	件数
寿县博物馆	132
安徽博物院	118
五河县文物管理所	12

表五　一级品历史货币藏品简况

名称	件数
商代大铜贝	1
战国楚金币	281
战国楚贝铜范	2
秦半两铜范	2
汉代、新莽钱范	4
新莽一刀平五千	6
五代十国乾封泉宝	1
宋太平通宝金币	1
南宋金牌	2
南宋银铤	9
南宋关子钞版	1 套（8 件）
清代金币	3
清代金元宝	1
清代银元宝	1
民国纸币	1

表六　二级品历史货币藏品简况

名称	件数
战国空首布	3
战国蔺字平首布	1
战国楚铜布币	11
战国楚金币	126
汉代、新莽钱范（五铢、大布黄千）	2
新莽一刀平五千	2
宋代金牌、金铤	5
宋代银铤	19
宋大观通宝铁钱	1
宋淳祐通宝	1
金代泰和重宝	1
元代龙凤通宝	2
元代大义通宝	1
元代天佑通宝	1
明代银元宝	1
明代兴朝通宝	1
清代银铤	1
清代咸丰五百文纸币	1
清太平天国圣宝	1
民国时期人民政权货币	13

宛陵、梅根二监专门管理铸钱事宜。文献记载，宣州时设铸钱炉 10 座，铸量约占全国铸量的六分之一[8]，背"宣"会昌开元通宝实物在全省都有发现。

宋代安徽铜、铁钱铸造以及纸币的印制非常繁荣。宋代先后在安徽地区设池州永丰监、舒州同安监、舒州宿松监及和州监四大钱监[9]。它们铸造了大量的铜铁钱，是宋代财政收入的重要来源[10]。东至发现一套南宋关子钞版（一级品）[11]。两宋金银币使用较前显著增加，且具有固定的形制：金铤、金牌、银铤，一、二级品中就有不少[12]。

安徽是元末农民起义军活动的重要地区，亳州更是韩林儿宋国的都城。元末农民起义军货币在我省出土多[13]，且种类全，二级品中也有。

明代推行纸币，从洪武到明末一直发行"大明通行宝钞"，安徽博物院就有珍藏。

清代、民国时期，安徽铸钱印钞。雍正元年（1723 年）设宝安局铸造制钱。光绪二十三年（1897 年）安徽银元局成立。次年安徽铜元局成立。光绪三十二年（1906 年）裕皖官钱局成立，开始用机器铸钱印钞。安徽是太平天国活动的重要战场，太平天国钱币在全省文博单位多有收藏，二级品中也有。

人民政权货币方面，皖西北特区苏维埃银行、豫皖苏边地方银号、淮南银行、大江银行等纸币在全省文博单位多有收藏，安徽博物院收藏的人民政权货币尤其丰富多彩。

清代以前有关安徽历史货币的文献记载很少，尤其是宋代以前的文献资料几乎阙如。20 世纪 50 年代以来，安徽各地随着基本建设的开展，大量墓葬、遗址、窖藏等考古资料面世，上述全省文博单位珍藏的历史货币实物不少都是来源于这些考古发现。与此同时各文博单位还征集了不少流散于民间的传世品钱币，它们都是我们研究安徽货币史的重要实物资料。一部安徽货币史，如果没有全省文博单位馆藏历史货币的考古实物资料，是无法写就的。正由于有上述货币实物资料，使得我们对安徽货币史有了初步的认识。

2. 普及历史货币文化的重要实物资料

从 20 世纪 80 年代以来，全省文博、金融以及学术组织举办了不少历史货币展览。如 2008 年 12 月 1 日至 12 月 15 日，中国人民银行合肥中心支行、安徽省钱币学会联合安徽省博物馆、合肥市文物管理处举办了"安徽历代货币精品展"，目的是在中国人民银行成立六十周年之际，重温中国人民金融事业所走过的光辉历程以及具有四千年历史的我国灿烂的货币文化。本次展览为新中国成立以来我省规模最大、规格最高且特色鲜明的历史货币展览，展出了安徽省钱币学会以及安徽省博物馆等文博单位珍藏的历史货币 1600 余品，许多展品具有重要的历史价值、学术价值和科学价值，它们大多出自本省，特色鲜明，是安徽货币文化的生动体现。

三　关于我省馆藏历史货币资源的利用

安徽文博单位馆藏历史货币资源相当丰富，但利用现状并不乐观，表现在：

第一、对安徽文博单位馆藏历史货币的系统整理研究还不够，馆藏历史货币丰富的大馆尤其如此。我省各级文博单位都馆藏有或多或少的历史货币藏品，在不少博物馆尤其是馆藏品较少的市、县博物馆的博物馆评估工作中发挥了重要作用。一些正在准备参加国家博物馆级别评估的博物馆也认识到历史货币在充实博物馆藏品数量上的作用。但是总的来说我省文博单位包括馆藏历史货币丰富的大馆对馆藏历史货币的系统整理与其他类别的文物相比，还显不足。

第二、受重视程度不足，缺少专业研究人员。在博物馆藏品中，与青铜器、陶瓷器、玉器、书画等类相比，馆藏历史货币在多数博物馆传统上一向被视为"小项"，因而对其不够重视，专业研究人员也相当缺乏。我省文博单位专业人员中，专门研究历史货币的可谓凤毛麟角，这与作为拥有丰富历史货币资源大省的地位极不相称。

第三、我省文博单位对历史货币资源的利用更显严重不足。我省目前还没有一座钱币博物馆。早在2003年，省政府就批准中国人民银行合肥中心支行关于成立安徽省钱币博物馆的请示报告，但由于种种原因，该馆至今还没有建成。全省博物馆的基本陈列中，甚至没有一个历史货币专题陈列。历史货币资料明显利用不足，历史货币的作用没有得到更好发挥，导致这些宝贵的历史文化遗产闲置浪费。

注 释

[1] 安徽省钱币学会编著：《安徽历史货币》，安徽人民出版社，2014年。

[2] 安徽省地方志编辑委员会编：《安徽省志·金融志》，方志出版社，1988年。

[3] 宋康年：《试谈望江县青铜块的发现及其在货币史上的作用》，《安徽金融研究》1988年增刊2期。

[4] 吴兴汉：《从考古发现论安徽古代货币文化的几大特色》，《中国钱币》1994年第3期。

[5] [汉]司马迁：《史记·平准书》，中华书局，1959年。

[6] 汪本初：《安徽出二古钱范考略》，《文物研究》总第9辑，黄山书社，1994年。

[7] [清]顾祖禹：《读史方舆纪要》。

[8]《新唐书·食货志》、《新唐书·地理志》。

[9]《宋史·食货志·钱币》。

[10] 方成军：《安徽出土两宋铁钱的初步研究》，《安徽文博》总第七期，中华书局，2011年。

[11] 汪本初：《东至县发现南宋“关子钞版”的调查与研究》，《安徽金融研究》增刊1987年第4期。

[12] 方成军：《安徽两宋金银货币的发现与研究》，《安徽钱币》2006年第3期。

[13] 方成军：《蚌埠市出土窖藏古钱的清理简报》，《安徽金融研究·钱币增刊》1990年第3期。

此生怀抱是梅花

蚌埠市博物馆藏彭玉麟《梅花图》赏析

季　永（蚌埠市博物馆）

步入新落成的蚌埠市博物馆古代书画展厅，名家翰墨，精彩纷呈，目不暇接。这其中，一件尺幅巨大的墨梅图尤其吸引观众的眼球（图一）。

细观此图，一株壮硕的老梅傲然挺立，凌风傲雪；虬枝劲节，曲张盘错，老干如铁；满树梅花，疏密有致，含香吐蕊。上题诗云（图二）：

英雄气概美人风，铁骨冰心有孰同。

守素耐寒知己少，一生惟与雪交融。

丙戌秋作于湘东寄蜉阁之南轩。

式如大兄大雅清品，南岳七十二峰樵人彭玉麟。

下钤印二方：朱文“青宫少保”、白文“彭玉麟印”，引首印朱文“几生修到”，右下角押朱文巨印“古之伤心人别有怀抱”（图三）。此画气象恢宏，笔墨苍劲，毫无一般文人画梅的寒瘦之病，别有一种雄浑之美。

彭玉麟（1816~1890年），字雪琴，号退省庵主人、吟香外史，祖籍衡阳，生于安庆，为清朝著名政治家、军事家、书画家。官至两江总督兼南洋通商大臣，兵部尚书，是湘军水师创建者、中国近代海军奠基人。与曾国藩、左宗棠、胡林翼并称中兴四大名臣，人称“雪帅”。

彭玉麟是近代史上极具传奇色彩的人物，被辜鸿铭先生誉为：“天下第一奇男子”。奇在何处？大概有三：首先是出身低而功高。彭玉麟仅秀才出身，早

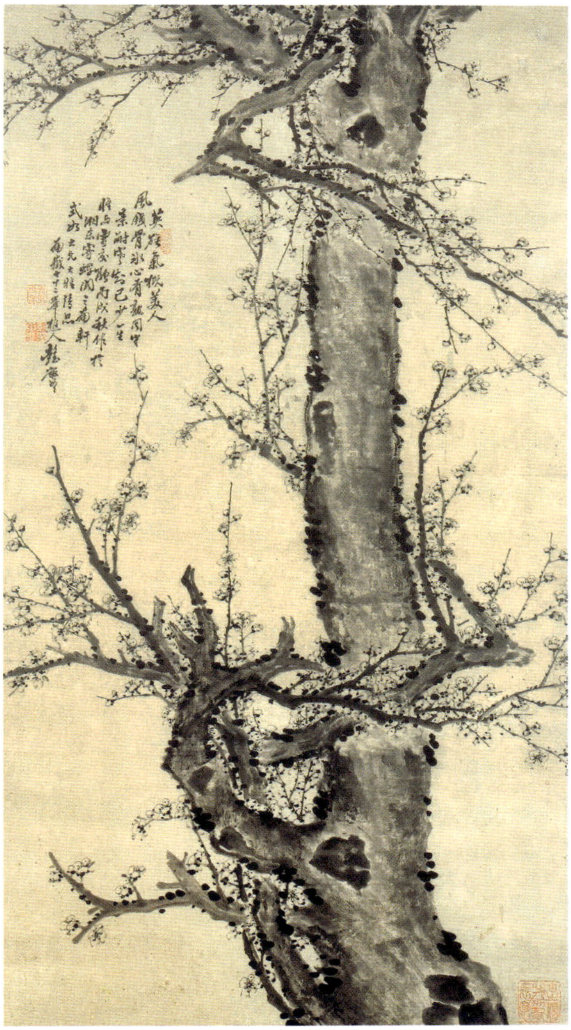

图一　彭玉麟《梅花图》

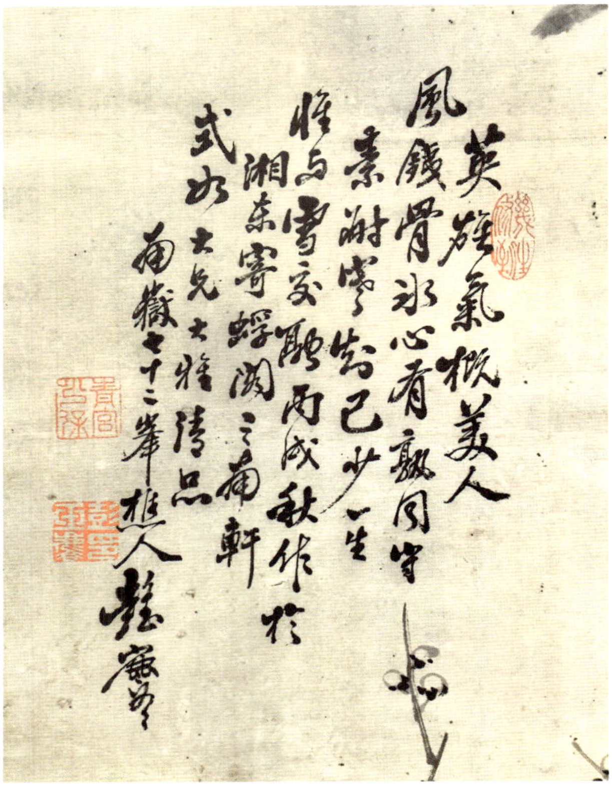

图二　《梅花图》题跋

图三　《梅花图》钤印

年贫苦，当过学徒、账房先生，后得曾国藩赏识，并凭借自己过人的胆识和才智，屡立战功，直至统领湘军水师，成为“中兴名臣”之一。其次是功高而不居。彭玉麟一生多次辞谢高官厚禄，连续辞去安徽巡抚、两江总督、漕运总督、兵部尚书等显位、肥缺，堪称清朝最有名的“辞官专业户”。另外，彭玉麟生性耿介，刚直不阿，为官清廉，执法严明，查办过不少贪官污吏，影响很大，有戏曲《彭公案》在民间广为流传。他曾经多次弹劾曾国藩的胞弟曾国荃，并将李鸿章的侄子法办斩首。当然最令人称奇的还是彭大帅一生痴情于画梅，用情之深，令人唏嘘不已。

据说，彭玉麟早年有一段伤心的爱情故事。他自幼在外婆家长大，外婆有一名养女名叫梅姑，二人青梅竹马，情投意合。后来彭玉麟因奉母命另娶他人，而梅姑也嫁到别家，并在四年后死于难产。彭玉麟为此伤心欲绝，抱恨终身。他将这一份深情托付于笔下，发誓要用余生画十万梅花以纪念心爱的梅姑。每画成一幅梅花图后，彭玉麟必题诗抒情，并钤印数方，印文曰“古之伤心人别有怀抱”“一生知己是梅花”“几生修到”等等，满纸深情令人动容。

梅花凌寒幽放，孤芳自赏，自古被国人视作抱守节操的人格化形象。历代爱梅、咏梅、画梅者不绝，留下了孟浩然“踏雪寻梅”、林和靖“梅妻鹤子”的千古佳话。特别是宋元以来文人画风兴起，梅兰竹菊作为士大夫品格的重要符号而成为书画表现的对象。扬无咎、王元章、陈宪章、金农等画家皆以画梅名世，渐成画梅一派。然大抵文人画梅，皆疏枝清瘦，以写寒士隐者之胸臆；而彭玉麟笔下的墨梅则与传统文人画梅有殊，喜写粗枝大干，不作寻常寒瘦之态，隐隐然有干云之豪气，被称为“兵家梅花”而为艺林所珍重。

中国艺术历来崇尚书画如其人，追求弦外之音、画外之旨的高境界。面对彭玉麟的墨梅图，我们欣赏到的不仅仅是笔情墨趣，更有一种笔墨之外的人格之美。于是对百年前这位清刚正直而又多情重义的奇男子，不禁平添了更多的敬意。

万象门开一镜中

蚌埠市博物馆藏人物故事题材类铜镜赏析

陈新宇（蚌埠市博物馆）

铜镜，是古人照面饰容的生活用具。其正面光滑可鉴用于照容，背面则多修饰图案花纹。上至庙堂，下至街巷，为皇族贵胄、市井百姓所喜爱。考古资料表明，我国使用铜镜的历史最早可以追溯到四千多年前的齐家文化，其后历经各个朝代的更替，却始终焕发着活力。直到清代中晚期，玻璃镜制作工艺的成熟，铜镜才逐渐退出了历史舞台。铜镜被古人沿用了四千多年时间，是中国古代青铜器中使用时间最长、流行区域最广的产品，凝聚着中国古代物质文化和精神文明，是我国古代文化遗产中的珍品。

蚌埠市博物馆收藏的500多面铜镜中，人物故事题材类铜镜以栩栩如生的画面、耐人寻味的寓意尤为引人注意。人物故事题材类铜镜一般认为始自汉代，从东汉画像镜开始，以神话传说、历史典故为题材的人物故事镜逐渐流行，一直延续到明清。镜背上精美的图案历久弥新，至今仿佛仍然在对人们诉说着那一段段传奇故事。

蚌埠市博物馆所藏的东汉神人龙虎画像镜，直径17.1厘米，重441克。形制为圆形，圆钮，四叶纹钮座。座外饰双线方框一周，其外在方框四角处置四枚圆座乳钉纹。四乳钉将镜背分四区，两区为一神二侍，神端坐，冠饰不同，二侍双膝跪地，侧身向神；另两区为一龙一虎，龙虎皆昂首、翘尾、怒目、张口。其外依次饰栉齿纹和锯齿纹各一周，三角缘（图一）。此镜画面中的二神为东王公、西王母，取材于神话传说，旨在祈求羽化升仙、长生不老。东王公，又称东王父，原为中国古代神话中的男神，后来道教继承，奉为男仙领袖，驻东方，主阳。《神异经》描述东王公“长一丈，头发皓白，人形鸟面而虎尾，载一黑熊，左右顾望。”西王母，最早见于《山海经》，原为中国古代神话中的女神，后来道教继承，奉为女神领袖，驻西方，主阴。《汉武帝内传》里，把西王母描述为“视之可年三十许，修短得中，天姿掩蔼，容颜绝世，真灵人也”，身旁有大群仙姬随侍，汉武帝拜受教命的威严女神。并说她把三千年结一次果的蟠桃赐给武帝，于是民间把她当作长生不老的象征。

唐宋时期的人物故事题材类铜镜，多以历史典故为主题，歌颂先人的高尚品质，向世人阐述为人处世的道理。

蚌埠市博物馆藏唐代真子飞霜镜，直径21厘米，重1200克。形制为八出葵花形，龟钮，荷叶形钮座，素缘。钮左一人峨冠博带，坐而抚琴，前设香案，后依竹林。钮右一凤鸟，振翅翘尾舞于石上，其上有树两株。钮上为云上日月出，钮下为石山水池，

图一　东汉·神人龙虎画像镜及拓片

图二 唐·真子飞霜镜及拓片

水波涟漪，池内伸曲柄荷叶，叶上突出一龟，正好形成镜钮（图二）。关于真子飞霜镜所反映的含义，目前尚无定论，普遍认为"真子"即"真孝子"的简称，"飞霜"为古琴曲调十二操之一《履霜操》的别称，讲述的是西周时期，周宣王的大臣尹吉甫听信后妻不实之词，放逐自己儿子伯奇的故事。

东汉蔡邕《琴操》："《履霜操》者，尹吉甫之子伯奇所作也。吉甫，周上卿也，有子伯奇。伯奇母死，吉甫更娶后妻，生子曰伯邦。乃谮伯奇于吉甫曰：'伯奇见妾有美色，然有欲心。'吉甫曰：'伯奇为人慈仁，岂有此也？'妻曰：'试置妾空房中，君登楼而察之。'后妻知伯奇仁孝，乃取毒蜂缀衣领，伯奇前持之。于是吉甫大怒，放伯奇于野。"伯奇被放逐之后，独自在荒野之中，又冻又饿，想到自己所受的冤屈，唱出了一首凄婉的琴歌《履霜操》。此时正好尹吉甫陪周宣王巡视途经此地，听到了这首《履霜操》，宣王说："此孝子之辞也。"尹吉甫听着儿子的歌声，又疑又悔，于是，派人找到了伯奇。事实真相大白，他愤怒地杀死了后妻，把伯奇接回了家，父子骨肉又重新团聚在一起。

另一面馆藏宋代许由巢父故事镜，直径18厘米，重1250克。形制为圆形，圆钮，素宽平缘镜。背上部是几座巍峨峭拔峰峦，中峰顶端一树枝虬干曲，垂于山腰。镜背下部，山脚下河边一人牵牛，一人坐地，两人作对话姿态（图三）。

许由巢父故事镜题材源于古代神话传说，三国西晋时期学者皇甫谧在《高士传》有详细记载，大意如下：上古时代，部落联盟的首领选拔实行禅让制。尧在考察他的继位人时，十分注重接班人的群众基础。尧听说阳城（今山西洪洞）的许由是大贤者，便前去拜访。初见许由，许由不接受禅让，并且隐居于洪洞的九箕山中。尧执意让位，紧追不舍，再次寻见许由时，恳求许由做九州长。许由觉得王位姑且不受，岂有再当九州长之理，顿感蒙受大辱，遂奔至溪边，清洗听脏了的耳朵。

许由在河边洗耳朵时，恰遇隐居树上的好友巢父牵牛前来饮水。巢父得知许由洗耳的缘由后，对他说："子若处高岸深谷，人道不通，谁能见子？子故浮游，欲闻求其名誉，污吾犊口。"说完，把牛牵到上游去饮水了。这面铜镜表现的人物、环境，正是取材于这段故事的后半段。

金代吴牛喘月故事镜，直径19.2厘米，重800克。形制为圆形，圆钮，素宽平缘。钮上中间出置一单线方框。其外天空中烟云映带，一弯新月。水天相接，翻滚的层层波浪，占据镜背的大部分。钮的左右两侧各有一仙人，手托宝盘。钮下水中一牛，翘首张望，呼呼喘气（图四）。纹饰取材于吴牛喘月的典故：生于江南的水牛，畏热，见月误以为日，故喘。出自南朝宋·刘义庆《世说新语·言语》："满奋畏风，在晋武帝坐；北窗作琉璃屏，实密似疏，奋有难色。帝笑之，奋答曰：'臣犹吴牛，见月而喘。'"这个典故涉及两个人，一个是晋武帝司马炎，晋朝的开国君主；一个是满奋，曹魏时太尉满宠之孙，曾任冀州刺史、尚书令等职。据史料记载，满奋很有才学，但他有怕冷得毛病。据说一遇刮风下雨，就添衣加物，缩脖笼手。一个深秋的早晨，司马炎派人召满奋入宫议事。议事的宫殿窗户上装的是琉璃，锃明透亮，视若无物。满奋见此，以为窗户上什么也没有，就感觉外面的凛冽的秋风刮了进来。他心神不安的样子很逗趣，引得司马炎忍俊不禁。得知事情原委之后，满奋解释道，我就像南方怕热的水牛，看到月亮以为是太阳，忍不住就喘起气来了。吴牛喘月由此而来，后世用它来形容遇见类似事情只考虑表面现象就轻易下结论而使自己胆怯。

金代高山流水故事镜，直径16厘米，重467克。形制为圆形，圆钮，钮顶平。钮上中心处置一单线

图三　宋·许由巢父故事镜及拓片

图四　金·吴牛喘月故事镜及拓片

图五　金·高山流水人物镜及拓片

方框，框外为山峦、树木。钮右侧一瀑布从山石间一泻而下，直入钮下方的水潭之中。钮左一人倚石临溪坐于山坳之中，抬头远望飞流直下的瀑布，神态悠闲。外环一周凸棱，素宽平缘（图五）。

高山流水故事镜，讲述的是家喻户晓的伯牙与子期“知音难觅”的故事。战国列御寇《列子·汤问》：“伯牙善鼓琴，钟子期善听。伯牙鼓琴，志在高山。钟子期曰：‘善哉！峨峨兮若泰山！’志在流水，钟子期曰：‘善哉！洋洋兮若江河！’伯牙所念，钟子期必得之。”俞伯牙善于弹琴，钟子期则善于欣赏音乐。钟子期听到伯牙的琴声之后，竟能领会这是描绘“巍巍乎志在高山”和“洋洋乎志在流水”的意境，伯牙把子期视为知音。子期死后，伯牙痛失知音，摔琴绝弦，终身不操，故有高山流水之曲。

文物中所见其时代特征与风貌

以蚌埠市博物馆所藏三件汉代陶圈厕为例

陈 卓（蚌埠市博物馆）

一 前 言

纵观历史，中央王朝的统一与分裂与否，深刻地影响着民众的思想状态与物质生活。思想的勃兴与繁荣，大多与中央集权的式微息息相关，缺乏统一的意识控制使得民间思想得以百花齐放，“诸子百家”与“魏晋风度”的绚烂无不与春秋战国与魏晋南北朝的纷乱有着紧密的联系。

而对于统一与和平时期，尽管高度的中央集权使得思想的多样与融合不复存在，国内局势的稳定则给予人民以构建美好生活的土壤，诸多与生活相关的制度、习惯、发明与观念不断出现与完善，甚至依旧影响着今天的生活，汉唐之世便在千年之前与今天遥相呼应。

作为时代的记录，文字与文物构成了历史传承的二元主体，亦是构建历史的基础。笔者尝试以蚌埠市博物馆所藏三件汉代陶圈厕为例，结合历史记载，一探其中所包含的时代特征与风貌。

二 文物介绍

第一件藏品为红陶圈厕（图一），泥质红陶，

图一 红陶圈厕

长 23.4、宽 19.5、高 8.5 厘米，缺顶盖，整体完整，于 1984 年蚌埠市怀远县汉墓出土。器物分两部分，一部分为猪圈，长方形围墙，上饰两面坡式顶，瓦垄清晰，圈身无底；另一部分为厕，厕所呈长方形，厕壁开两个长方形通气孔，缺顶盖。该藏品为典型的汉代陶圈厕器形，多地汉墓均有出土。

第二件藏品为灰陶圈厕（图二），泥质灰陶，长 19.6、宽 18.4、高 11 厘米，整体基本完整，于蚌埠市西郊汉墓出土。器物整体构造与第一件类似，分两部分，一部分为猪圈，长方形围墙，上饰两面坡式顶，瓦垄清晰，圈身无底；另一部分为厕，厕所呈长方形，厕壁开一个方形通气孔，顶盖为庑殿式顶，瓦垄清晰，顶盖可活动分离。器物整体胎质疏松，烧造火候较低。该藏品为典型的汉代陶圈厕器形，多地汉墓均有出土。

第三件藏品为灰陶圈厕（图三），泥质灰陶，整体呈椭圆形，最长直径 20.2、最短直径 18.5、高 13 厘米，整体完整。器物分两部分，一部分为猪圈，圆形围墙，圈身有底；另一部分为厕，厕身为圆柱形，厕壁开一个圆形通气孔，上配顶盖，瓦垄清晰，为四角攒尖式顶。厕身底部与猪圈有空连接，旁侧与围墙外部有坡道沟通。器物整体胎质疏松，烧造火候较低。该藏品为典型的汉代陶圈厕器形，多地汉墓均有出土。

图二　灰陶圈厕

图三　灰陶圈厕

三　文物中所见汉代厚葬之风

汉代距今有两千余年，仅凭借史书的记载去还原那时的生活还略显单薄和缺乏说服力，而考古的发现与文物的出土恰恰为今人提供了帮助，使得汉人的生活几乎触手可得。

汉人相信“谓死如生人”，上至王公贵族，下迄平民百姓，乐此不疲，“厚滋多藏，器用如生人”，汉代时期社会上的厚葬之风可见一斑。西汉成帝为修建自己的陵墓，“大兴舶役，重境赋敛，征发如雨。”“贵戚近亲，奢纵无度，嫁娶送终，尤为僭侈。”

所谓上行下效，古代社会风气之引领多始于上层。百姓虽无巨资，但是让先人过上阳世的生活乃是后人的期盼，于是诸多种类的民间陪葬品便相继出现。以汉人墓葬中所见汉代陶猪厕为例，其为时人生活中最常见之设施，且视为污秽肮脏之所。然而就是这样的物品却普遍出现在已逝之人的墓葬中，恰好印证了时人普遍所遵循的“事死如事生”的丧葬观念。蚌埠市博物馆所藏的陶人偶、陶家畜、陶楼、陶仓与陶灶，这些陪葬品均为时人生活场景的再造，为今人研究当时的社会生活提供了大量的第一手资料。

但是，厚葬必然导致攀比与效慕，民众为了把丧事办的体面，不惜耗尽家财，导致了严重的社会问题。《四民月令》的著者崔寔“剽卖田宅，起冢茔，立碑颂。葬讫，资产竭尽，因穷困，以酤酿贩鬻为业。时人多以此讥之，寔终不改。”官员名流尚且如此，百姓境遇不难想象。光武帝刘秀曾总结道：“世以厚葬为德，薄终未鄙，富者奢僭，贫者殚财，法令不能禁，礼义不能止。”

四　文物中所见汉代猪厕设施的设计与认知

之前的春秋战国时期，漫长的征伐与繁重的兵役使得温饱问题更甚于生活基础设施的完善亟待解决，基层民众的生活在历史中缓慢的演变着。秦汉以降，随着国内军事与政治局势的日趋稳定，民众的生活开始渐入正轨，相较于之前，长安城与洛阳城的营建标志着市坊制度逐渐完善，汉阙的出现展现着建筑形式的日趋多元，《氾胜之书》《九章算术》等一批农业手工业专著的传播更意味人们开始关注自身的生活状态与品质，中国社会生活的发展正在步入一个高速演变的“黄金时代”。

作为卫生设施中的常见之器，厕所是人类文明发展到一定阶段的产物，在原始社会人类的居住遗址中，迄今为止并无类似于厕所的设施的发现。到了春秋战国时期，对于厕所之记载始见于籍，据《史记·李斯列传》记载：李斯在底层为官时，“见吏舍厕中鼠食不洁，近人数惊恐之。”此外，《左传·哀公十五年》载，浑良夫“迫孔悝于厕，强盟之”。此类关于“厕”之记载不一而足。厕所于先秦时期已经很普遍，但是对于其外形、构造等具体认知还十分模糊。直至秦汉时期，随着厚葬之风在考古学中的体现，我们对古人厕所设施的认识方逐渐清晰。

在秦汉时期对于厕所的称法有“厕”“溷”“圊”“更衣之所”等多种，由此可见彼时厕所建筑于日常生活中使用之普遍。史料中对于厕所的记载亦不在少数。《后汉书·李膺传》载：“羊元群罢北海郡，脏罪狼藉，郡舍溷轩有奇巧，载之以归。”《汉书·酷吏传》载，郅都“尝从入上林，贾姬在厕，野彘入厕，上目都，都不行。”对于宫廷厕所的记载此处可见一斑，但是具体的设计与构造还需通过实物予以具体分析。

有汉一代，尤其是自西汉末期开始，厚葬之风盛行，以陶质地模仿日常生活用具而成的明器广泛出现于各阶层的墓葬中，出土之物多与汉人生活息息相关，反映着墓主人生前生活的景象。蚌埠市博物馆所藏汉代陶圈厕，品相完好，厕所与猪圈合二为一，为汉代厕所类型明器中的常见类型。

正如藏品所示，这种圈厕多由圆形或方形围墙合围而成，中间空地用于养猪；厕所筑建于围墙一侧，屋顶形式多为四角攒尖顶、庑殿顶或两面坡顶，厕室与猪圈相同；厕室墙壁还开有一个或多个小窗以便通气。汉人以猪圈与厕所设施合二为一，应有以下几点考虑：首先，我国古代民众普遍认为猪以粪便为食，故而将二者修建在一处，便于资源利用；其次，猪圈与厕所均为污秽之所，这样设计可以将污染场地减至最小，也便于粪便清理；再次，厕所与猪圈立体构造，可以减小占地，使空间得道合理利用。时至今日，在某些农村地区，这种猪圈与厕所合二为一的建筑设施依然可见。

五 文物所见汉代建筑屋顶构造样式

由于我国古代建筑多以木为原料，历经沧桑保存至今的木制建筑，最早也只可推至唐代。虽然汉代建筑真容已不可目睹，但是墓葬中所出土的汉代建筑明器则能够如实地反映出当时的建筑原貌。

作为古典建筑最富代表的形式，屋顶在汉世已经初具后世之规模。蚌埠市博物馆所藏三件陶圈厕，除一件屋顶陶盖丢失之外，其他两件整体均保存完好，由此不难窥见一斑。馆藏陶圈厕分别为庑殿顶与四角攒尖顶，造型与后世的屋顶建筑相差无几。此外，随着汉代建筑类明器的出土增多，硬山顶、悬山顶、歇山顶、盝顶等屋顶形式相继出现，明清时期的常见种类在此时均已出现。

值得一提的是馆藏灰陶圈厕之庑殿顶。庑殿顶，又称“五脊顶”或“四阿顶”。其出现很早，在《周礼·考工记》中便有记载：“商人四阿重屋”。汉代的阙楼与唐代的佛光寺大殿均为典型的庑殿顶建筑。在庑殿顶出现的早期，其地位与其他样式之屋顶无异，甚至猪厕建筑，庑殿顶亦为常见。随着古代社会发展的不断深入，等级制逐渐加强，庑殿顶渐成为中国古代建筑中最高等级的屋顶形式，常用于皇家建筑以及大型寺院、宫观。尤其在有清一代，庑殿顶只能用于皇家和孔子的宫殿。庑殿顶的形式也分化为两种主要形式：重檐庑殿顶与单檐庑殿顶。前者以故宫主殿太和殿为代表，后者则以故宫的英华殿、弘义阁、体仁阁为代表。

除了建筑形式与等级的变化，庑殿顶所蕴含的文化内质也在不断丰富。庑殿顶之所以备受统治阶层青睐，与其形式如大鹏展翅般飞动之美不无关系，其后世特有的凹曲屋面的造型，飘逸舒展。宋人李诫的《营造法式》便详细介绍了这种凹曲屋面的建造的方法：先定举高，再将桁枋按一定衰减规律向下折降，最终形成屋面的凹曲线。这种方法又称“举折”。

六 结 语

也许陶圈厕在多如星辰的汉代文物中并非多么起眼，也许在博物馆展厅里目不暇接的你对它未曾流连。但是，作为一件文物，在剥离了经济价值的外衣之后，它始终是历史最忠实的记载者。文物穿越千年来到当下，更具价值的是告诉时人，曾经的这片土地发生过什么，曾经的人们在思考着些什么，这也是考古学的本质意义。历史与考古孰轻孰重的论争并无意义，我们每一个人所应该做的，就是掌握并运用好这两把钥匙，去打开古人早已尘封的时空与灵魂。

蚌埠市博物馆藏两件寿州窑瓷器

汪全武（蚌埠市文物管理处）
刘　春（六安市文物管理局）

寿州窑窑址中心窑厂在今天的淮南市上窑镇，在这片区域中由南向北逐渐延伸至淮河岸边分布，其烧制的瓷器产品沿着淮河水道，销往各地。蚌埠地区在淮南下游，紧靠淮南，与寿州窑址乃邻居，在蚌埠博物馆收藏多件隋唐时期寿州窑瓷产品，本文选取其中具有代表性的两件，以展示其特色。

一　器物简介

1. 隋青釉戳印纹四系盘口壶

1977年蚌埠市临淮关郊区一农民挖出一件瓷壶，交给了蚌埠市文物部门，后一直作为珍贵文物收藏在蚌埠博物馆。因这件陶壶造型完整、釉色精美、纹饰考究，具有重要的历史文化价值，而被鉴定为一级文物，确定名称为：隋青釉戳印纹四系盘口壶（图一）。

该壶通高35、口径11.5、底径11.8厘米，产自寿州窑。此器在造型、釉色、装饰和烧造工艺上的属于巅峰之作，是目前极为少见的、最为精美的隋代寿州窑产品之一。整体上看，上部的盘口至足底，浑然天成、规整讲究，制作工艺精湛，装饰精美，釉色明亮，是寿州窑早期产品的代表作。盘口外撇，圆唇口沿，盘底出棱角，长束颈，上饰两周凹弦纹，颈部向下渐大，颈下部饰戳印七瓣小花，广丰肩上饰两对对称的双股系，系的下端饰戳印的团花纹。系与系之间用一周戳印的团花和叶脉纹组成的二方

图一　隋青釉戳印纹四系盘口壶

连续图案对等间隔。肩部饰二周凹弦纹，在凹弦纹内饰繁密的戳印七瓣小花一周。腹部的中下方饰一周由戳印团花和叶脉纹组成的四叶花瓣纹。整器有四层装饰，繁缛华丽的装饰在隋代寿州窑其他器物并不多见，应该是当时窑址所烧制的高端产品。器物施青釉，盘口内施釉至盘底，整器外施半釉，釉色均匀纯正，腹下部露胎，有滴釉现象。从露出的胎体来看，其胎质细白、紧密。

2. 唐寿州窑黄釉枕

2005年5月8日，蚌宁高速公路太平岗墓葬群M23出土了一件唐寿州窑黄釉枕。因有确切的墓葬发掘记录，该瓷枕完整无损，釉色黄亮，具有典型的寿州窑瓷器产品特征，被定为一级文物（图二）。

该器上长15.2、宽11.2厘米；下长14、宽9.2厘米；高9.4厘米。方箱形，枕面略大于底面，呈上大下小状。枕的整体形制很规整，枕面微凹，成中间低，两端高的凹弧面。枕除了底部外，其他面遍施黄釉，无纹饰。因为烧结温度的原因，枕面的釉色比立墙稍深，釉面较厚，胎釉结合很好。因为唐代寿州窑瓷器化妆土的使用，大多瓷枕都或多或少会有脱釉现象。在这件黄釉瓷枕，并无脱釉，只在底部有流釉现象，并不多见。枕底露细腻白胎，因内部中空，出气不畅，枕的底面略向外鼓。

二　烧造工艺

寿州窑的烧制年代较长，从东晋南朝时期南迁创立寿州窑，到唐代末期至五代，历经数百年。其烧制工艺复杂，从胎的制作，到纹饰形成，再到施釉烧制等各方面，运用了多种工艺方法。仅从这两件器物能总结出的制作工艺来看，有以下几种。

1. 开片釉

唐陆羽《茶经》有云："寿州瓷黄，茶色紫。"说的就是寿州窑产品瓷黄的特点，当然因为瓷器烧造时，还原气氛和氧化气氛的不同，除了常见黄釉瓷，还有青釉、黑釉等多种。细看这两件瓷器，不管是青釉还是黄釉，釉的玻化程度都很高，都有细小的开片，这是当时寿州窑产品的特点之一，有点像后期宋代官窑一些产品的冰裂纹。冰裂纹是瓷器本身内部应力的一个表现，只有当内部应力在正常状态

图二　唐寿州窑黄釉枕

下不平衡、无法维持现有状态，釉的伸缩程度超出弹性范围极限才产生釉层断裂、位移，直至内部应力被打破，形成宏观的冰裂纹效应。寿州窑瓷器的细小开片，并不是壶内的胎体应力断裂、位移所致，而仅仅是釉面釉层、温差等产生的细微变化。

2. 蜡泪痕

蜡泪痕，是指器表的流釉现象，器腹部滴釉至器底，往往呈条状，宛如流泪。这件盘口壶的流釉现象比瓷枕更加明显，因为胎釉结合不是十分紧密，上釉不均匀，加上温度等原因，釉层在烧结过程中，釉水垂流并随器垂挂流淌，偶见下端点滴状，形成泪痕。一般来说器物施釉多，则泪痕多，但每件器物的泪痕长短、多少是独有的，具有一定的自然属性，几乎无法复制。

3. 化妆土

唐代寿州窑产品在釉下饰化妆土，其方法为：用质量较好的瓷土加工调和成泥浆，施于质地较粗糙或颜色较深的瓷器坯体表面，起到美化瓷器、避免坯胎大量吸收釉水和烧裂、填补坯胎气孔和裂损等作用。寿州窑的化妆土，用料经过淘洗，厚度在0.1~0.5毫米，颗粒很细且少，与胎的矿物结构类似，二者的凝结比较好，如这件黄釉瓷枕，釉色明亮而纯正，无脱釉现象。但这种工艺的使用即使比较成熟，也会因为人力、技术、温度等多方面因素造成脱釉瓷器产品的大概率发生。

4. 戳印纹

戳印纹属于隋代寿州窑瓷器产品中富于变化、搭配巧妙的纹饰，除了本文所见的这件盘口壶上的团花纹、叶脉纹，还有其他多种纹饰。戳印纹饰的形成方法，是用事先制作好的工具，按照制作者的设计和流行款式，在胎体上戳印出来。实际上寿州窑的剪纸贴花工艺最为精美异常，因这两件瓷器并未涉及，在此不提。

文字和图片，作为文物的辅助展示，而实物才是精华之所在，以寿州窑产的盘口壶和瓷枕为代表的、精美的地方瓷器品种，显示了蚌埠博物馆的魅力与文化。

文博工作探究

谈加强地方文物点考古工作的紧迫性

赵兰会（蚌埠市文物管理局）

文物保护和城市建设的矛盾始终贯穿于社会发展的进程中。在未来“十三·五”规划，城市基础建设将会大力推进，文物保护将会遇到前所未有的压力。

首先从2016年2月6日《中共中央国务院关于进一步加强城市规划建设管理工作的若干意见》（以下简称《意见》）看，《意见》第六部分“完善城市公共服务”（十四）条“大力推进棚改安居。深化城镇住房制度改革，以政府为主保障困难群体基本住房需求，以市场为主满足居民多层次住房需求。大力推进城镇棚户区改造，稳步实施城中村改造，有序推进老旧住宅小区综合整治、危房和非成套住房改造，加快配套基础设施建设，切实解决群众住房困难。打好棚户区改造三年攻坚战，到2020年，基本完成现有的城镇棚户区、城中村和危房改造。”《意见》（十五）条提出，“建设地下综合管廊。认真总结推广试点城市经验，逐步推开城市地下综合管廊建设，统筹各类管线敷设，综合利用地下空间资源，提高城市综合承载能力。城市新区、各类园区、成片开发区域新建道路必须同步建设地下综合管廊，老城区要结合地铁建设、河道治理、道路整治、旧城更新、棚户区改造等，逐步推进地下综合管廊建设。”这都将涉及大面积土地调整、使用和建设，将意味着大量各类文物点将面临保护与抢救。

蚌埠市2016年政府工作报告也明确提出“十三·五”城市建设规划。围绕“三环六轴三带”持续推进城市大建设。实施项目181个，完成投资248.6亿元，征迁312.9万平方米，拆违49.6万平方米，交付净地15975亩。“城市总体规划（2012~2030）成功获批，部分区划调整顺利完成，市区面积由601.5平方公里扩大至956.9平方公里，市区建成区面积达138平方公里、常住人口130万人。”全面实施“三环六轴三带”城市发展框架，推进滨湖新区、高铁新区、城南新区、淮上新区“四大板块”建设，加强蚌（埠）淮（南）同城化发展。期末，市区建成区面积达到165平方公里，常住人口达到165万人。在全国老工业基地城市中率先完成集中连片棚户区改造任务。加速推进长淮卫淮河公路桥、中环线特步园区段建设，全面贯通城市中环线。完成国道G104、G206和省道306、307境内提升改造工程。加快天河科技园、长淮卫临港产业园、马城新区建设，启动实施延安路跨河通道、4C级民航新机场项目，积极开展怀远至淮南黄疃窑大桥等前期工作。

加快县域城镇建设。加快重点镇建设，打造龙亢、马城、新马桥、沫河口、沱湖等一批特色工业强镇、农业大镇、休闲旅游旺镇。同时，三县县城建设规划也涉及大量的土地调整和县城建设土地扩大的现象。这些项目无疑都将涉及大面积土地调整、使用和建设，必将涉及大量各类文物点的保护与抢救。因此，未来五年蚌埠市文物保护工作压力必然增大。

当然，有发展就有机遇，蚌埠市文物保护工作也是如此。在未来“十三・五”的五年，城市建设对文物点的合理利用会得到逐步重视。从国家到地方政府，都已意识到城市建设中存在着千城一面的误区，而走出此误区的法宝又恰恰是合理保护和利用文物点，延续城市独有的历史文脉，才能塑造出独特风貌的特色城市。从《意见》（八）条“保护历史文化风貌”可以明确看出，有序实施城市修补和有机更新，解决老城区环境品质下降、空间秩序混乱、历史文化遗产损毁等问题。促进建筑物、街道立面、天际线、色彩和环境更加协调、优美。通过维护加固老建筑、改造利用旧厂房、完善基础设施等措施，恢复老城区功能和活力。加强文化遗产保护传承和合理利用，保护古遗址、古建筑、近现代历史建筑，更好地延续历史文脉，展现城市风貌。用5年左右时间，完成所有城市历史文化街区划定和历史建筑确定工作。

可以看出，随着城市基础设施建设的进一步地推进和城市管理者对利用历史文脉塑造城市特色意识的进一步增强，我们的文物保护工作将会得到更有力度的支持。这就要求我们做好以下两方面的工作：一方面主动加强文物点的科学调查、勘探，搞清自己的家底；另一方面积极向城市管理者献言献策，积极同城市规划部门、建设部门做好沟通协调，把文物保护纳入城市规划。

那么怎样才能做好以上两方面工作呢？

在与地方沟通协调基建和文物保护关系时，我们经常会遇到城市管理者或相关建设部门咨询：文物本体分布范围有多大？保护范围为什么这样划？保护价值是什么？你要能清楚地告诉城市管理者或相关建设部门文物点的具体分布、内涵、价值。还要能进一步清晰地告诉城市管理者怎样科学地保护文物，尤其是要能清晰地告诉城市管理者在新城市规划建设中怎样合理利用古遗址、古建筑、近现代历史建筑等文物点，把历史文脉有机地融入新城市改造建设中，为塑造城市特色风貌服务。这样才容易赢得城市管理者或相关建设部门对文物保护工作的理解和支持。才能主动把文物保护纳入城市建设规划。这需要加强我市文物点的前期主动调查、钻探、发掘等考古工作，为文物保护及城市建设提供科学依据。

蚌埠作为淮河中游地区重要的核心城市之一，是一个地跨南北、交汇东西的中间区域之一，这里的史前文化错综复杂，各类文化遗存广布。一市三县共分布古遗址、古墓葬、古建筑等各类不可移动文物点827处（市区169处），其中全国重点文物保护单位7处，省级文物保护单位11处，市级文物保护单位8处，县（区）级文物保护单位76处，文物遗存非常丰富。

近年来蚌埠地区考古发掘成果显著：蚌埠市文物管理处配合中国社会科学院考古研究所对国保单位禹会村遗址、双墩遗址的调查、钻探、发掘；配合安徽省考古研究所对钟离国墓、钓鱼台遗址的调查、钻探、发掘；对太平岗、老曹郢、九龙集等配合基建的抢救性发掘，都取得了不菲的成果。揭示出双墩遗址出土的刻画符号是中国汉字起源之一；固镇垓下遗址和南城孜遗址为大汶口文化城址；固镇小王庄霸王城遗址出土大汶口文化时期典型（族徽性）的图像符号；禹会村遗址揭露出龙山文化晚期大型礼仪性祭祀遗迹。2013年12月，中国社会科学院中国古代文明研究中心、安徽省文化厅、蚌埠市政府于蚌埠市联合召开的“禹会村遗址与淮河流域文明研讨会”，在历史学、文献学研究的基础上，着重从考古学视角研究论证了历史上催生夏王朝的重大事件“禹会诸侯于涂山”的地望，就在今天的蚌埠市境内涂山一带，禹会村遗址在中华文明的形成过程中发挥了关键性作用等等。可以证实在中华文明形成的前夜，这一地区文化特点以及较高的文明化程度，并引起了学界的高度关注。

但同时我们也意识到，随着近年来蚌埠市一市三县城市大建设逐步展开，城市基础设施建设、棚户区改造、新城镇化建设、新农村建设的力度逐年加大，城市建设工程与文物保护的矛盾也逐年突显，发生了建设与文物保护的矛盾案例。例如，国道G206改建工程与全国重点文物保护单位禹会村遗址的保护协调问题；淮上区老曹郢土地增减挂项目，对市保单位老曹郢遗址的破坏；太平新村建设项目，由于在文物埋藏丰富区实施建设工程，对30余座古墓葬造成破坏。这都让我们深深认识到加强地方文物点前期考古工作，为城市建设提供科学依据的必要性和紧迫性（图一）。

城市建设用地的日益扩大与大量重要文物遗存广布分布，正是一对矛盾体，处理好双赢，处理不好两伤。处理好的前提就是前面讲的通过科学的考古调查、钻探、发掘工作，熟悉每一处文物点的分布、内涵、价值等情况。但蚌埠这些文物点均为普查时发现，我们对这些文物点的信息并没有及时的、有计划地进行深入、科学的调查与试掘，因此，我们获得的资料往往是不完整、不全面的，这给文物保护和城市建设规划都带来不利影响。

案例一，禹会村遗址所做的文物调查、钻探、发掘工作对文物保护和城市建设的影响。

2007~2012年，中国社会科学院考古研究所安徽队对禹会村遗址进行了连续五次规模性发掘，揭露面积近万平方米，是淮河中游地区目前发现规模最大、明显带有大型盟会和祭祀性质的龙山文化晚期遗存，距今4300年至距今4100年，初步定遗址核心区总面积约50万平方米。鉴于发掘成果和遗址的重要性，禹会村遗址于2013年顺利被国务院批准为第七批全国重点文物保护单位（图二）。

虽然做了五年发掘，取得了重要发掘成果，但由于没有对遗址做整体调查、钻探工作，对整个遗址的分布、功能分区、内涵、价值没有整体把握，其2014年上报的规划立项报告没能得到国家局审核通过。同时，由于我们没能及时清楚地向城市管理者或相关建设部门进行该文物点的具体分布、内涵、价值等方面情况的汇报与沟通，使城市管理者或相关建设部门对遗址的认识模糊，造成城市管理者或相关建设部门决策的失误。蚌埠市政府2015年的重点工程对纵穿国保禹会村遗址的国道G206线拓宽改造工程，在立项、实施工程中，居然没有向文化文物部门打招呼，没有履行任何文物保护审批程序，就已批准并开始实施。最终被动叫停，对文物保护和项目实施都带不好的影响。

为了配合蚌埠市国道G206拓宽改造工程，中国社会科学院考古研究所安徽工作队承担了蚌埠禹会村遗址G206国道所涉及范围内的考古调查、勘探工作，钻探工作从2015年8月5日开始，8月28日钻探结束，历时24天。钻探长度北端从花鼓灯村标志碑处开始，向南经过禹会村、前郢钻探到南端的后胡东西水泥路约2350米的距离，钻探距离、钻探宽度控制在国道G206东侧约100米的范围，钻探面积约23.5万平方米，发现有3处白土台基、17个灰坑、4座墓葬、4个陶窑等。对遗址分布范围也有了新认识，初步探明遗址核心区远远大于原来的界定，其南北长约2500米，东西最宽处约400米，总面积约100万平方米（图三）。

虽然通过配合蚌埠市国道G206拓宽改造工程而做的初步考古钻探工作，使我们对遗址分布范围有了新的认识，为下一步保护规划立项和具体保护工作及城市建设提供了科学依据。但我们依然感到不够，还需要对整个遗址及周边依托环境区域即涂山周围及以南，淮河与天河之间进行区域调查、钻探和试掘工作，方能全面把握禹会村遗址的分布范围、功能分区、内涵价值，搞清禹会村遗址的真正性质。哪里是大禹会诸侯的遗存？哪里是传说中“古涂山氏国”的遗存？它们的关系如何？此期遗存的前身来源地分布如何？有无下延传播分布文化区？它同此区域分布的汉晋马头城址有什么变迁传承关系？现代的城市扩张发展得太快，不搞清这些，我们就不能为下一步保护规划立项和具体保护工作提供科学依据，就不能为城市建设提供翔实精确的科学建议，很可能待城市建设发展活动已不可逆地破坏了此文化遗存之后，才发觉我们工作的滞后，给文物保护和城市建设都造成了重大损失。

案例二，蚌埠双墩遗址、双墩春秋墓所做的文物调查、钻探、发掘工作对文物保护和城市建设的影响。

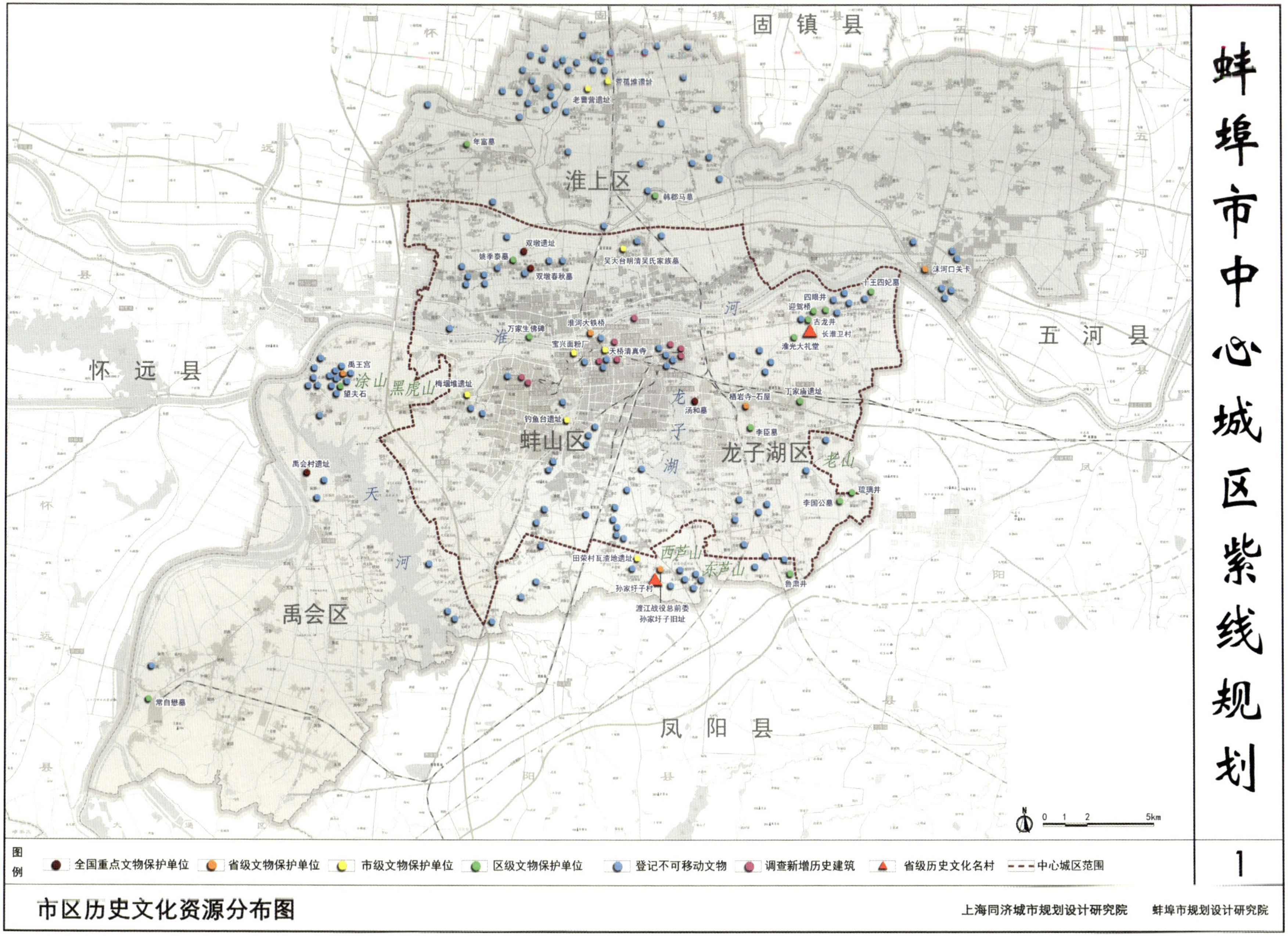

图一 蚌埠市区历史文化资源分布总图

图二　禹会村遗址祭祀台基

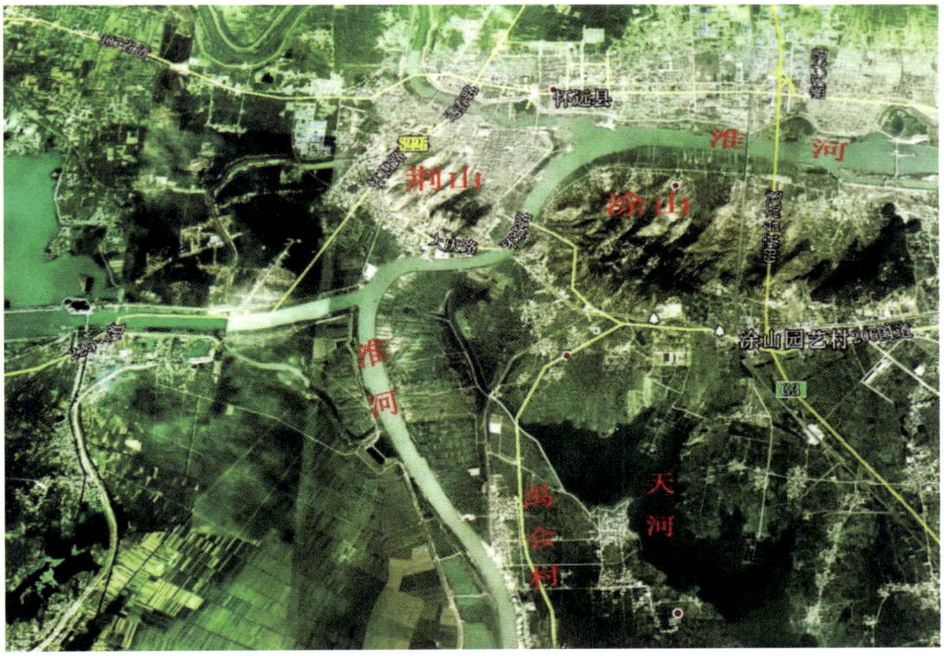

图三　禹会村遗址区域环境卫星图

2015 年 12 月，接到安徽省文物局函（皖文物保函［2015］708 号），需对省级以上文物保护单位保护范围和建设控制地带的划定进行核准，再加上蚌埠市淮上区小蚌埠镇双墩村的双墩遗址、双墩春秋墓是全国重点文物保护单位，目前保护规划的初稿已经完成，正处于征求意见阶段，国家考古遗址公园正处于积极申报准备中。此次对该两处国保单位保护范围和建设控制地带的划定进行核准，关系重大。为了给划定两处国保单位的保护范围提供科学依据，并为城市下一步发展规划提供科学的指导建议，我们特邀请在此工作的中国社会科学院考古研究所安徽工作队对此两遗址组织了考古钻探。其结果远远超出了我们对遗址范围的认识。

双墩遗址勘探结果，遗址本体由原界定区向东、西、南方向延伸，尤其沿着岗地走向东西延展，遗址面积由原来界定的 2 万平方米，扩大到目前的近

图四　双墩遗址勘探结果

图五　双墩春秋墓勘探结果

60 万平方米。由于双线材料报的急，只做了粗探，详细的考古勘探和局部的考古发掘工作有待补充（图四）。

双墩春秋墓勘探结果，通过钻探在双墩村里及周围发现了 1、2 号春秋墓周边还存在其他高等级墓葬，甚至区域内存在大规模墓地的可能性极大。它们和春秋钟离国墓地的关系目前仍不明晰，这里我们暂不将其纳入双墩春秋墓地的范畴，还有待于今后详细的考古勘探工作，核实周边是否存在更多的重要的钟离国墓葬。由此，双墩春秋墓保护范围也由原双墩四周扩大到目前探明确定的 70 余万平方米（图五）。

以上两个案例表明，如果没有对文物点做进一步调查与勘探，没有相应的考古发掘成果为依托，仅仅依照原先确定的保护范围，将给国保单位的保护规划和今后所在地淮上区城镇规划用地建设带来多大的冲击。这就是我所强调的，加强安徽省地方上文物点前期的主动调查、钻探、发掘等考古工作，为文物保护及城市建设提供科学依据，已成为迫在眉睫的紧迫性问题。否则，文物保护与城市建设都会遭受重大的影响。

"禹会诸侯"展厅的平面设计和立体展示

蚌埠市博物馆特色文化的陈展理念

王海军（蚌埠市博物馆）

一 前 言

现代化博物馆的基本要求，在具有一定展陈面积的基础上，应该具备丰富的馆藏、先进的技术、新颖的展览和完善的服务功能。展陈在表现当地辉煌发展的文明进程时，需要考虑到广大观众对文化知识和视听体验的需求。

蚌埠博物馆具备先进的设施，如何将当地的特色文化真实客观地展现出来，使越来越多的人感受历史文化的厚重，蚌埠博物馆在设计上以人为本，以文物为本，力求创新，用新颖的展陈手段，创造优良的视听效果，传播文化，服务社会。同时，强调古与今、美与真的和谐统一，使得古老的文明和现代的科技完美地融合，用数字化、智能化手段，生动、直观、领悟古代文明的神韵。

二 博物馆职责的提升和展陈理念的创新

早期的博物馆，多是运用传统的展柜附加简单的标牌展示于众，这样很难让普通观众深入地领悟历史的厚重和文化的魅力。现代人越来越体会到博物馆是城市文化的重要组成部分，更是一座城市展示文化、传递文明的窗口，既然作为回放历史、释读经典、展示文明、净化心灵的一体式文化空间，就需要我们改善以往传统展示中几十年不变的对文物静态呈现的方法，更新理念和思路，使博物馆更加贴近实际、贴近生活、贴近公众，满足广大人民群众，特别是青少年对学习科学文化知识的渴求，这也是新时期对博物馆的新要求。

作为能提供知识、教育和欣赏历史文化的博物馆，越来越受到社会各界的广泛关注。在创新的时代，在社会迅速发展、全民文化素质日益提高的今天，人们都渴望把博物馆当成一个文化求知的场所，能在这个特殊的文化空间中去尽情地感受人类的历史文化，领悟先人的伟大创造，传承祖先的精神文明。如何发挥博物馆的社会服务功能，以跟上社会发展的步伐，发挥它更大的社会效益，博物馆不能不迎接新的挑战。因此，现代化手段的展示和公益性内容便成了博物馆的基本要求之一。

蚌埠博物馆从设计到展陈构想，以适应时代需求为宗旨，进行了有益的创新，发挥了现代化博物馆的社会功能。本着立足本土，展现自我，开拓自我的精神和发展思路，积极地融入了现代化博物馆发展的大潮，尤其是在展示本地的特色文化方面，以先进的手法，做到了人与自然，历史与文化的完美结合。

三 展示大禹文化的意义

博物馆的“蚌埠历史文化陈列”，离不开考古资料的有力支撑，其中的大禹文化，就是通过考古成果给展览增添了耀眼的光彩。自从禹会诸侯落户蚌埠以后，不仅提升了蚌埠的知名度，而且也大大提高了蚌埠的文化品位。禹会村遗址和大禹文化是蚌埠的，也是中国和世界的。多少年来，大禹文化就是学术界关注的大课题。大禹治水，禹会诸侯，禹娶涂山等事件，既有文献记载，又有民间传说，发生地是否在我国的其他地区争论的莫衷一是。是否能把传说变为信史，学术界终于在考古成果中找到了答案。

2007 年至 2011 年，中国社会科学院考古研究所和蚌埠市博物馆对蚌埠西郊的禹会村遗址进行了五次大规模发掘，丰富的地下遗迹，证实了当年“禹王会诸侯”的真实存在，出土的特色遗物向我们诉说着历史上曾经在这里发生的重大事件，尘封于地下四千年前的国之大事，终于破土而出，与世人见面[1]。可以说，禹会村遗址所表现的建筑的临时性和文化的多样性，正与“禹合诸侯于涂山，执玉帛者万国”的情势相契合。这一重大的考古成果，使我们看到了闪烁在淮河岸边的文明曙光，随着考古资料的出现，也证实了安徽蚌埠涂山就是位于“寿春东北”的“禹娶涂山”和“禹会诸侯于涂山，执玉帛者万国”的涂山。因此，涂山地望在五种涂山说中是最符合历史事实的[2]。

2013 年 12 月，《禹会村遗址与淮河流域文明研讨会》在蚌埠召开，对连续五次大规模发掘的禹会村遗址所获得的考古资料进行全方位的会诊。来自考古学界、先秦史学界和多学科研究的专家们相聚蚌埠，考察涂山，考察遗址，观摩禹会村出土器物，又从不同的研究角度进行论证，认为：禹会村遗址的文化内涵具有以下几点：1. 禹会村遗址地名的由来，与传说和文献记载的“禹会诸侯”事件吻合。2. 禹会村遗址的时代（龙山文化晚期）与传说事件中的大禹治水时代吻合。3. 禹会村遗址中发现的各种遗迹现象，与传说事件中“禹会诸侯”事件的背景相吻合。4. 出土的器物特征和大部分祭祀用具，与传说事件中的“禹会诸侯”活动内容相吻合。5. 遗址的地望与文献记载的“涂山，古当涂国，夏禹所娶也，山西南又有禹会村，盖禹会诸侯之地(《太康地志》)”相吻合。最后达成一致定论，蚌埠禹会村乃禹会诸侯之地[3]。“禹会村遗址的发掘，使禹会诸侯于涂山的古史传说得到了落实”[4]。禹会村遗址折服了学术界，无论是考古学、先秦史学和自然科学都肯定了禹会村遗址与大禹文化的密切关系[5]。

大禹文化给蚌埠注入了厚重的文化底蕴，带来了精彩的文化魅力，通过考古学论证使传说变成信史，在学术界尚属首例。考古研究证明了蚌埠的禹会村遗址，是中国古代文明发展进程中关键时期的关键遗址，通过它可以还原我国远古时期从聚落时代走向国家的历史面貌，让我们看到了“夏王朝从这里走来”[6]，禹会村将可能成为中华古国的文明坐标。因此，蚌埠博物馆是最有底气、最有资格、最有实力的把大禹文化的展示做成镇馆之作。

弘扬大禹文化，就应该将大禹这一珍贵的历史财富在神州大地释放出催人前行的力量。展示大禹功绩，凸显大禹精神、发挥大禹文化以史育人的作用，将是蚌埠的责任和担当，也是蚌埠博物馆的重要展陈内容之一。就大禹文化而言，只要有传播的手段、展示的平台，传承的载体，就会有传扬的人群。

四 展陈思路

大禹文化的分量举足轻重，在蚌埠博物馆的展示意义重大。其需要展示的内容既要以涂山、淮河为背景，又要以禹会村遗址为线索；既要有文献记载和民间传说为依据，又要有史学界的研究论证，最终更离不开考古资料的支撑，才能使落户于蚌埠的大禹文化独具魅力。尤其是考古资料的展示，更会使蚌埠的大禹文化有底气，接地气，也使禹会村遗址在现有基础上得到更广泛的认知和推广。如何将“禹会诸侯”的内容展示的更好，将是博物馆展厅的设计理念和布展形式所必须考虑的。传统的展示方法已经不能满足时代和所展示内容的要求，应该重新梳理思路，要充分体现在展示手段和方式上的有所创新，以适应时代和观众的需求，主要有以下两点新思路：

（一）在文化体系的展示上，根据禹会村遗址的特殊性和大禹文化的重要性，依托“淮河文明”的概念，以“国家文明探源”为主题，以考古发掘为主线，以地下的遗迹、遗物为依据，突出地域文化特色，在展厅内充分体现出蚌埠的历史责任感和担当意识。

（二）禹会村遗址的文化内涵，均与“禹会诸侯”事件有关，包括了大型礼仪性建筑基址、祭祀沟、不同类型的祭祀坑、简易式工棚建筑、各类具有特点的祭祀用具等具有短期行为的遗迹和遗物。要考虑到能在有限空间的展厅内做出充分的展示。我们也同时考虑了两点特殊的布展方式。

1. 大型礼仪性建筑基址，是禹会村遗址中最具有特色的遗迹，遗址中所展现的是经过精心设计营建、面积达2000多平方米的大型而别致的“T”形坛和以祭祀为主的器物组合，以及不同区域的文化特征，大体再现了当时来自不同区域的氏族部落曾在此为实施某项重要任务而举行过大型聚会和祭祀活动，由此烘托出“禹合诸侯于涂山，执玉帛者万国”这一历史事件发生的真实性。

如何将大型的礼仪性建筑完整的再现，我们利用了一个独立的展厅，按原址的1:7.6的比例，全方位的立体展示，再现了礼仪性建筑基址的全貌，以及与之密切相关的涂山、荆山、淮河、天河等自然景观相融合，采用了实景与背景的有机统一，烘托出了遗址的地望与文献记载的高度吻合，达到了时空再现。

2. 在服务平台的展示上，注重了公共文化设施的实体建设，同时，信息化、影像化、智慧化的展示手段充分运用其中。

禹会村遗址的文化内涵，主要凸显了大型盟会的活动内容，特别是祭祀台基和台基面上的相关设施，反射出了在该地点曾经进行过既神圣又庄严的活动。但“执玉帛者万国”的真实场面却无法镶嵌于遗迹之中，因此，以突出重点为宗旨，在有立体效果和动感实景展示的同时，利用3D技术，再现“大禹盟会万国诸侯”的神圣场面，给观众提供了逼真的视觉效果，有身临其境的感觉。同时，与之配套的浮雕效果，烘托出了大禹治水的文化内涵，再现了“禹会诸侯于涂山，执玉帛者万国”的历史盛况，以及大禹三过家门而不入和劈山导淮的动人场面，意图突出主题，给观众留下想象的空间，体现了历史与文化，远古与现实的有机结合。

3. 禹会村遗址的器物，除具有龙山文化的普遍特点外，也具有强烈的个性，一方面反映了具有短期行为的祭祀性质；另一方面更反映出了来自于不同地区的同期文化特点，如中原地区的河南龙山文化、黄河下游地区的山东龙山文化、苏北平原、江汉平原以及长江流域的同期文化等等。因此，在展示器物方面，特别注重了不同地区的器物组合，以显现出器物的地域性和特殊性，呈现出传说中的“禹会诸侯”事件的因果关系。

平面展示，是博物馆中传统的展示方法，也是“禹会诸侯”展厅不可缺少的部分，在配合实物、文字说明和图片展示的同时，特别运用了实况的影像效果，重现了禹会村遗址的考古发掘、专家考证和科学定论的全过程，以此让观众对“禹会诸侯于涂山，执玉帛者万国”的特色展示留下系统的印象。

五　展陈效果

“禹会诸侯”展厅是对历史考古的一种见证，同时也是对考古成果的一种展示和肯定。不仅释放出了历史考古的学术价值所带来的社会效果，而且对于今后的大禹文化研究者来说，更是一件功德无量的好事。我们在“禹会诸侯”展厅，就能体会到一种创新思维的存在，体会到设计者的用心是以展示历史文化、传递人类文明为本。历史和现代神韵的交汇，体现了蚌埠市博物馆的“禹会诸侯”展厅，在传播、传承和弘扬“大禹文化”这一珍贵历史财富方面的努力和成效。

“禹会诸侯”展厅气势恢宏，新颖别致，在博物馆中具有重要的意义。走进展厅能让观众身临其境，参观过程中能让观众浮想联翩，有与古人对话、触摸历史的感觉，走出展厅能给观众留下深刻印象，这就是现代化蚌埠博物馆展示手段的魅力。

注 释

[1] 中国社会科学院考古研究所安徽工作队：《禹会遗址祭祀台基发掘简报》，《考古》2013年第1期，第7~31页；中国社会科学院考古研究所、蚌埠市博物馆：《蚌埠禹会村》，科学出版社，2013年。

[2] 涂山所在有五说：一在会稽（今浙江绍兴县西北四十五里），一在渝州（今四川重庆市），一在濠州（今安徽蚌埠市），一在当涂（今安徽当涂县），一在三涂山（今河南嵩县西南十里）。

[3] 三勇勇主编：《蚌埠禹会诸侯之地——禹会村遗址与淮河流域文明研讨会新闻作品集》

[4] 中国社会科学院院士、历史所副所长王震中为研讨会题字。选入中国社会科学院古代文明研究中心、安徽省文化厅、蚌埠市人民政府编著：《禹会村遗址研究——禹会村遗址与淮河文明研讨会论文集》，科学出版社，2014年，第2页。

[5] 中国社会科学院古代文明研究中心、安徽省文化厅、蚌埠市人民政府编著：《禹会村遗址研究——禹会村遗址与淮河文明研讨会论文集》，科学出版社，2014年。

[6] 河北师范大学历史文化学院教授沈长云为研讨会题字。选入中国社会科学院古代文明研究中心、安徽省文化厅、蚌埠市人民政府编著：《禹会村遗址研究——禹会村遗址与淮河文明研讨会论文集》，科学出版社，2014年，第3页。

公众考古略论

刘腾飞（蚌埠市博物馆）

公众考古，或称公众考古学（Public Archaeology[1]），是20世纪60年代兴起于西方考古学界的一种新的考古研究命题。1972年，美国学者查尔斯·麦克基姆西（Charles. McGimsey）在其专著《公众考古学》（*Public Archaeology*）中，首次正式提出“Public Archaeology”的概念。随后，西方学界对公众考古进行了广泛的研究和实践。20世纪80年代，中国学者将其翻译并介绍给国内学界。近些年来，随着公众对考古关注度提高，公众考古日渐成为学界讨论的热门话题。

一 公众考古“考”什么

公众考古首先是考古学的一门分支学科。由于其笼统性，很难给公众考古下一个准确的定义。西方学术界的定义大致如下：在北美，几乎所有由公众（直接或间接）资助，或获得广泛授权的专业考古就是公众考古；在具体的条款中，公众考古可以被解释为“为保护考古资源，在诸如学校、公园和博物馆等公共场合进行的公众教育和公众解释”。其目标是：保护考古遗产资源；向公众灌输关于这些资源的管理伦理；把考古伦理性解释和解释目标紧密类比[2]。国内学者借鉴公众考古的相关理论，总结为：

交流（communication）：考古专家与公众平等交流，用平民化的方式解释的工作，使考古工作能够为人民所理解。

解释（interpretation）：对考古工作目的、意义和考古学资料以及文化遗产的解释。

考古学利益相关者（public stakeholder）：主要包括政府、文物管理机构、专家和公众。

简而言之，公众考古就是考古学的大众化。

众所周知，考古是一门用实物资料来解释人类古代社会的一门学问。因其专业性较强，研究过程枯燥、研究结果又满是晦涩难懂的专业术语和烦琐的数据和图表，在公众的眼里，考古不过是一门神秘的学科、一座看不懂的象牙塔、一门世代相传的挖坟掘墓手艺、一个收藏鉴宝的行家等。考古学与大众渐行渐远。

然而，随着经济建设的发展，城市化和工业化进程的加快，以及盛世收藏热带来的艺术品市场发展迅速，我们物质生活水平急速提高的同时，我们身边的古街老巷在慢慢消失，历史文化遗存被大量的迅速破坏。考古的公众阐释性和公众教育性愈发凸显。公众考古就是通过向社会宣传普及考古知识，实现考古学的大众化，使文化遗产保护意识深入人心，建立形成一套完善文化遗产保护的公众参与的机制，促进文化遗产管理保护事业的健康发展。

二 公众考古怎么“考”

公众考古在国内其实有着悠久历史和优良传统的。早在新中国成立前，中国考古学刚刚起步，老一辈考古学家在考古发掘的同时，已有开始进行考古的公众科普教育。如傅斯年《本所发掘殷墟之经过》、李济《现代考古学与殷墟发掘》和裴文中《周口店洞穴采掘记》等。新中国成立后，考古学大众化更是得到了迅速发展。如：苏秉琦先生1950年在《进步日报》发表《如何使考古成为人民的事业》中，首次提出“考古是人民的事业”的观点；20世纪70年代，贾兰坡先生编有《中国大陆上的远古居民》等科普读物，李伯谦、徐天进先生编有《考古探秘》，宿白先生主编《中华人民共和国重大考古发现》等一系列考古知识通俗读本，简单易懂，很好的迈开公众考古第一步。此后随着电视媒体、网络社交媒体等新传媒的发展流行，考古影像如《中国文明曙光》《考古中国》《探索·发现》等，国家和各省市文物网站、各大高校和考古研究机构网站、各门户网站考古板块、微博微信公众号等如雨后春笋，各类公众参与的考古互动、论坛、报告等形式多样的考古与公众互动数量众多，考古的公众化大众化普及发展迅速。

总结国内外公众考古所展开的工作，笔者发现主要集中于以下几个方面。

1. 科普宣传

科普宣传是最常见的公众考古教育交流方式。这主要包括科普书籍、报纸杂志、新闻传媒等方式。如考古专家编写的科普性考古书籍、手记、画册、宣传单页、专门性的考古类报纸杂志、普通报刊上的考古专题版面、考古现场直播等。这些形式多样的考古科普宣传方式能以通俗易懂的语言、精美生动的图画、精彩有趣的故事来吸引和打动公众，无形中完成了考古和文化遗存知识的宣传普及教育工作。值得一提的是，近年来一些考古人注意到考古发掘报告等专业性较强，公众读懂比较困难，尝试在保持考古发掘报告科学规范严谨的同时，在部分重要章节结尾部分增加发掘者说、考古人发掘过程感受和联想等，这样可以使得关心和使用报告资料的人们获得一条便捷通道[3]。在新闻传媒方面，各类关于考古的新闻报道，或长或短，屡见不鲜。如央视等电视台自1987年首次组织法门寺地宫考古以来，先后多次对老山汉墓、南海一号、曹操墓等考古项目的直播报道，引发社会对考古约强烈关注。

2. 参观体验

参观考古发掘现场，零距离的直观感受考古，最能获得公众对考古工作性质和对文化遗产保护重要性的认可和共鸣。早在2007年第二个文化遗产日的新闻发布会上，国家文物局向社会宣布“全国具备开放条件的文化遗产地、文物保护单位、古迹遗址、博物馆、纪念馆等在文化遗产日当天或前后根据实际情况免费（或优惠）向公众开放；有条件的考古发掘工地可有组织地向公众开放”。此后，全国各地不少考古单位、高校、科研院所等都积极开展相关考古工地向公众开放活动。如安徽省考古研究所、山东省考古研究所、四川省考古研究所、北京大学考古文博学院、中国文化遗产研究院等都先后成功举办过这类活动，取得了较好的社会反响。

3. 交流互动

对话、交流与互动是近几年公众考古实践中的一个新亮点。近些年来，各文博机构一改传统的“冷美人”的示人面目，除了选取公众感兴趣的话题举办各种展览外，还想方设法利用多种手段搭建连接考古与公众之间的桥梁，走出象牙塔，与公众对话交流。比较有特色的国家文物局组织的每年一度的全国十大考古新发现评选，在国际博物馆日、世界文化遗产日开展的一系列面向公众的考古讲座、报告活动以及各地考古人利用微博、微信、论坛等一系列新兴网络传媒平台，加强考古与公众的互动交流。有的甚至采用现代影像打造4D电影的方式，告诉人们考古离生活并不遥远。一些高校社团就更加活跃，不仅多次组织文物爱好者近距离感受考古现场，还将考古学者请来为他们讲述考古故事。可以说，正是考古专家、文博机构和文博科研院所等的一系列形式多样的交流互动，让考古走出象牙塔、走出神话，走进普通民众的日常生活，让公众真正地感受到考古就是我们大家身边，文化遗产的保护更是与公众息息相关，考古正在以多种途径向公众撩开神秘面纱。

4. 新时期公众考古的开展

近几年来，随着经济发展和公众精神文化需求水平的提高，国内掀起了一股博物馆建设热潮。笔者认为，在做好传统公众考古宣传工作的同时，应充分借助此次博物馆建设大潮，利用好博物馆这一特有的文化宣传阵地，开展公众考古工作。利用博物馆作为公众考古主阵地之一，一方面可以弥补博物馆单纯以文物展示的单一性，丰富博物馆展示内容；另一方面，利用博物馆宣传教育功能，普及传播公众考古的先进理论和实践经验，并参照各地文化遗产保护的实际，相应选择适当的模式。通过实现考古学的大众化，使文化遗产保护意识深入人心，建立完善文化遗产保护的公众参与的机制，进一步促进我国文化遗产事业的健康发展。

注 释

[1] Public Archaeology 也被翻译为“公共考古”。

[2] 姚伟钧，张国超：《中国公众考古基本模式论略》，《浙江学刊》2011年第1期。

[3] 梁太鹤：《2008年公众考古案例盘点及思考》，《中国文物报》2009年6月26日。

试论志愿者在博物馆工作中的重要意义

王　鑫（蚌埠市博物馆）

蚌埠市博物馆的志愿者工作已开展近两年，目前已经拥有了一支稳定的志愿者队伍。在蚌埠市博物馆的各个展厅内，你也许会见到一批胸挂工作牌、身穿红色或荧光绿色马甲、满怀热情为观众讲解或者导览的特殊人群，他们就是蚌埠市博物馆的志愿者——一个为博物馆事业无私奉献着的团队。他们以饱满的热情、无私的奉献精神，默默地在各个展厅为来馆参观的各界宾朋讲授着古老蚌埠的历史文化。笔者对博物馆志愿者在博物馆工作中的重要意义，有以下思考。

一　对博物馆志愿者的认识

志愿者，是不为物质报酬，基于良知、信念和责任，志愿为社会和他人提供服务和帮助的人。博物馆志愿者是志愿者队伍当中默默奉献的一员，是博物馆的重要组成部分，是博物馆面向社会开放的重要环节，也是博物馆走向社会的主要桥梁和纽带，他们为博物馆提供了取之不尽的人力和智力资源。博物馆志愿者精神传承了中华民族助人为乐、扶贫济困的传统美德，又体现了社会主义道德的基本要求，具有鲜明的时代特征。

博物馆志愿者是社会精神文明发展的一种需要。在发达国家，志愿者在人们的生活中扮演者非常重要的角色，很多人把到博物馆当志愿者当成一件很光荣的事情，志愿活动是人们日常生活的重要组成部分。我国的博物馆志愿者起步较迟，对开展志愿者工作的重要意义认识还不是很充分。博物馆志愿者活动的开展，既提升了博物馆的社会服务功能，也扩大了社会服务层面，使有限的资源与无尽的服务需求得到了有效结合。在市场经济条件下，应该强调博物馆的非营利性公益事业单位的性质，同时注意社会教育的效益。而志愿者工作就是开发利用好社会资源的途径之一。他们的服务，从一般性咨询导览，到一些专业性的讲解。不计报酬是志愿者的一个特征，而更重要的，是他们怀有强烈的兴趣和社会责任感、认真严谨热情的工作态度，能让观众获得满意的服务。

博物馆志愿者是缩短博物馆和参观者距离的方式。博物馆有效地开展志愿者工作，不仅可以弥补现有专职工作人员的人力不足，间接节省馆内开支，也能切实增强参观者的亲切感和参与感，因为本身志愿者就来源于社会大众。来自学校的老师、各方面的文博爱好者，用他们渊博的知识、丰富的人生阅历，成为“答疑解惑”的专家。志愿者服务对于博物馆来说，既是一种免费的资源，也是宣传自己、展示自己、树立自身形象，达到使大众在自觉自愿中接受和传播文化历史信息、自觉自愿中收到教育的方式。博物馆的发展，是一个逐步开放化的动态过程，自身的发展壮大，才能有足够的自信让他人来共同参与开放的过程。博物馆能为志愿者提供服务的平台，让志愿者为社会提供服务的实质，是在开放的动态过程中应运产生的，体现了博物馆人自信满满的胸怀，也体现了博物馆本身很高的社会综合素质与社会发展同步的开放意识。

二　志愿者与博物馆之间的关系

志愿者与博物馆之间的关系是一种互惠互利的关系。博物馆为志愿者提供了广阔的天地，志愿者在这里学到了许多在其他地方学不到的知识，增加了智慧，提高了胆量和语言表达能力，充分展示了自我价值。博物馆则通过吸收志愿者，利用这批社会力量开展工作，更好地服务于观众，取得了一定的社会效益和经济效益。也就是说，博物馆为志愿者更多地获取藏品的知识以及感受博物馆的文化创造了良好的机会，同时，博物馆的平台资源也得到了更大的发挥。

许多志愿者说，博物馆成为他们展示风采、挑战自我的绝佳平台，每一次讲解也是一次锻炼和升华。他们兴致颇高、团结合作、受益匪浅、备受鼓舞，通过充当志愿者，为别人服务的同时，也让自己的生活更充实，让自己的人生更精彩，让自己的存在更有价值。从志愿者方面考虑，他们付出的主要在于时间和精力，而回报主要来自于个人综合素质的提高和社会对本人能力的认可。从博物馆方面来考虑，博物馆的付出主要在于管理和培训，而回报则来自于直接的社会效益和间接的经济效益，以及先进文化在更广泛层面上的普及与推广。

志愿者愿意无偿投身于博物馆事业中来，是出于他们对博物馆工作的无限热爱和兴趣。他们十分关注博物馆的各种信息，在与家人、邻居、同仁及朋友的交往中，他们会谈论和传送这些信息，正是这种对博物馆相关信息的反复谈论和转述，扩大了博物馆的影响，加大了对博物馆的宣传力度，提升了博物馆在人们心目中的形象。其实，博物馆志愿者的定位并非只在博物馆内，在博物馆外仍然可以继续发挥很大的作用。他们来自于各行各业、各种年龄段，他们的社会接触面相当广泛，影响力度相当大，他们如同星星之火，能迸发出无限活力，感染和影响身边每一个人，他们每时每刻都具有宣传、推荐、介绍博物馆的机会和意识，每时每刻都能把周围的人吸引到博物馆来参观，以达到传播文化，教育大众，服务社会的目的，从博物馆的角度而言，这是教育传播工作的一条很好的途径。

博物馆志愿者活动的开展，既提升了博物馆的社会服务性质，又扩大了服务层面，使有效的资源与无尽的服务需求有效配合。从某种意义上说，一个博物馆志愿者活动开展得如何，也是衡量这个博物馆工作的重要标志之一，它也从一个侧面反映着博物馆的综合效益和品质。博物馆志愿者队伍的建立、完善、不断壮大，不但起到提升博物馆社会影响力，使之进一步弘扬社会美德，传播城市文明的作用，同时也会成为博物馆精神文明建设的一道亮丽的风景。

浅谈蚌埠市博物馆安全保卫工作

开令杰（蚌埠市博物馆）

博物馆收藏具有历史、自然和艺术价值的丰富文物藏品，是不可再生的宝贵资源；博物馆也是一个城市、地区、国家的缩影，必然吸引着众多游客，所以安全问题是当前博物馆整体推进和全面发展的基础和保障。

一　博物馆安全保卫工作现状

2015 年 12 月 26 日，蚌埠市博物馆新馆正式建成开馆，与之配套建设的安防、消防系统也正式投入使用，使博物馆的安全保卫硬件水平有了极大的提高。随着新技术的革新，真正实行了“物防、技防、人防”三防相结合的手段对全馆设施了全方位、全天候监控。为此，博物馆还根据岗位需要建立了安保人员队伍，并对安保人员进行了专门业务培训。另外，还与物业公司签订安保服务协议，聘请物业公司对馆区进行安全巡逻、检查，真正实现了以人防为主，物防、技防相结合的三位一体的安全防范体系，为确保蚌埠市博物馆馆藏文物安全打下了坚实的基础。

蚌埠市博物馆以科学发展、安全发展为总要求，严格按《中华人民共和国文物保护法》《安全生产法》《博物馆安全保卫管理规定》等法律法规制度，全面提升各级安全责任意识，切实把各项政策措施落到实处，把各项责任落实到位，蚌埠市博物馆扎扎实实地开展安全生产各项活动。为更好地处理各项安全工作，博物馆成立了安全生产工作领导小组。为做好博物馆安全工作，蚌埠市博物馆建立、健全了各种规章制度，按照有关职责的要求和范围，结合本馆文物安全保卫工作要求，制定了《博物馆监控室管理制度》《博物馆消防控制室管理制度》《博物馆消防安全教育培训制度》《用火用电用气安全管理制度》《博物馆消防档案管理制度》《防火、防盗巡查、检查制度》《火灾隐患整改制度》《博物馆参观人流限制预案》《突发事件应急处置预案》等各类安全制度，实现了管理工作科学化、规范化，提高了工作业务水平。

二　强化安全保卫队伍建设

蚌埠市博物馆完善安全保卫体系，馆长（法人）为安全管理的总负责人，分管领导为安全管理责任人，安保部主任主管博物馆日常安全管理工作。安保部有消防控制中心、监控控制中心、保安队、办公室等部门组成。其中消防、监控、保安队实行值班制，保证 24 小时有人在岗。并执行馆领导全天 24 小时带班，干部职工分白天和晚上实行 24 小时值班。还组建维稳应急小分队、防暴应急队、义务消防队等馆内员工组成的各种安全保卫小分队，定期进行演练活动。

加强技术防范建设，确保博物馆文物、游客及工作人员的安全，蚌埠市博物馆的安全技术防范设备不断更新和完善，要求安保人员必须加强学习，不断提高技术素质，了解、掌握更加先进的安防、消防手段。为此，要求值班人员经过培训后都能做到独立熟练操作安防、消防设备，会检查、排查基本的安全隐患，并能处理相关问题。

三　做好维稳安保工作

做好人员密集区域的“人防、技防、物防”三防工作，进一步完善各类应急预案并开展演练。馆里在观众领票处设有二代身份证识别仪器，观众领票进行验证。观众通道处装置安检设备，对来馆参观的观众做好安检，杜绝观众携带各类危险品进馆，最大限度地消除隐患。为做好馆里防爆工作，馆里购置了防爆头盔、防爆盾牌、防爆钢叉等各类专业防爆器材，并对安保人员进行培训，使其能够熟练掌握各类防爆器材，提高防爆处突能力。

加强安全防范动态管理。组织保卫人员定时和随时巡查，第一时间掌握安全总体情况。要求做好展厅巡逻工作，做好夜间馆内外巡逻，发现问题及时上报。

加强保卫人员的应急演练，确保 3 分钟内到达事发第一现场。加强安防、巡防信息上报工作。严格落实信息报送制度，切实杜绝漏报、迟报、瞒报、谎报等现象发生。

及时与派出所沟通，形成联动机制。做好博物馆安保工作的同时，与派出所有着良好的合作关系，并形成联动机制，若遇紧急情况及时与派出所联系，同时做好值班、信息上报等工作。

近年来，蚌埠市博物馆始终把安全放在首位，在新馆建设时期，花大力气、大精力做好馆里的安防工程，聘请安徽省安防专家组成员作为顾问，制定了新馆安防工程设计任务书，对新馆安防工程的施工进行全程把关、指导。实现了全方位、多功能，不留死角的实时监控，为文物安全防范工作创造了有利的条件。博物馆自 2015 年 12 月 26 日开放以来，每天参观观众络绎不绝，尤其在元旦、春节假期期间更是迎来了参观高峰，对安保工作更是提出了更高要求，安保部门扎实做好各项安保工作，科学制定各类安保措施，保障了开馆期间的观众及文物的安全，做到安全零事故，为博物馆的提供了有力的安全保障。

蚌埠近现代史钩沉

民国时期蚌埠二马路商业建筑风格

郭学东（安徽省文史馆）

民国时期的蚌埠二马路商业街兴起于1915年。津浦铁路经过蚌埠通车后，首先从火车站反向支叉出第一条货运专用线，与刚刚开挖的船塘码头对接。在这里最先形成盐粮集散市场。同时，南北各地旅蚌的商人，落户船塘东侧，开办商贸服务行业。皖北、皖西、皖南各地的土产杂货、手工产品，上海、南京、天津等地的日用百货商品，也集散蚌埠，转销沿淮、皖北、豫东、鲁南等地城乡，成为最早的码头市场。之后，船塘东侧的“老大街”向东延伸出现了“二道街”，1919年后正式更名“二马路”，与盐粮市场相对应，初步形成了二马路日用百货商业街市。天津、江浙一带商人，纷纷在这里开设旅社、百货商店及商业服务场所，他们效仿上海等大都市的西方建筑风格，在这里兴建的大批商业建筑，相竞出现在二马路两旁。繁华的二马路商业街，被誉为“小上海”，闻名皖北及华东地区。

一　二马路商业街的规模与特色

1915年蚌埠第一口船塘（俗称老船塘）启用后，二马路从船塘东侧的中兴煤场东墙外兴平街起，穿过老大街，只到华昌街路口，是最初的商业街区。它全长仅100多米长，宽不过3~5米。由于倪嗣冲1913年已经在火车站对面建安徽督军公署，这条街渐渐向东延伸，至伯飞路（即国治街），接近火车站对面的督军公署，全长达1.8公里。原在火车站对面兴建了旅社、商店、作坊、饭铺，以车站为中心的商业服务区，大批人流迅速转向二马路商业街区。

1919年“民八大火”之后，警察局局长马祥斌重新规划市政。新建房屋一律后退，道路开宽，修筑碎石面，二马路初成规模。1927年由于新船塘启用，军阀混战渐渐结束，它与经一路的盐粮市场相对应，形成以经营百货为特色的商业街。全长不过1000多米，最西端路宽不足10米，向东渐宽，不过20米。由于商贸繁华闻名全省，1929年为了筹备设立安徽省省辖市，蚌埠市政筹备处处长裴益祥主持，首先把二马路西段修成了全省的第一条沥青路面。

二马路商业街区，以津浦铁路横穿马路的道口为界，铁路西最为繁华。它实际还包括北侧的华昌街、南侧的华盛街、水果街这三条小街，以及老大街与中山街南北路口附近一带，在发展过程中，在不同的路段渐渐形成的了各自的商业经营特色。

1. 西段：兴平街至中山街口

倪嗣冲将淮盐引岸到蚌埠，皖北盐务局及阜安盐栈、凤阳关监督公署、商会等机关，均设在二马路西端的老大街，中兴银行即建在二马路西端起始处。1912年后"新昌祥"第一家百货店、第一家新新理发店、淮河码头的美孚洋行营业处，陆续在这里开业。皖南青阳人宁尉戎首先开设"宁尉记糖纸号"。修建淮河铁桥的技术工人刘相臣首先在这里开办机器修配安装店。南京人俞昆涛开设的普济医院，首先在这里传入西医诊疗技术。

二马路西段与华昌街连成一片，由于华昌街靠近船塘码头，最早的旅社、浴池开设在这里一带，各家饭店相继出现。以经营淮上菜为特色的菜馆玉隆园、同芳园、公正饭店、皖北饭店、大中华菜馆相继出现，形成蚌埠的"淮上菜"风味。同时，还出现著名的公泰酱园、福昌酒店。皖南青阳人追随"宁尉记糖纸号"，许多同乡纷纷来此经营，称"青阳帮"，至沦陷前达到24家。除了糖纸经营特色之外，最早开业的百货批发商号杨学记、义丰厚、三级鞋店、源泰五金玻璃等商号，都成为影响皖北城乡的闻名老字号。西段的二马路靠近华盛街，1941年后随着日寇侵华政策的变化，向敌占区跑单帮的客商大批出现，华盛街杂货市场应运而生，十分兴隆。受其影响，二马路西段的青阳帮，从经营糖纸扩展到"五洋杂货"，它与华盛街共同形成"五洋杂货市场"。

2. 中段：中山街至铁道口

倪嗣冲在蚌督皖，全省各县人流往来增多，加之盐务局、凤阳关设蚌，火车开通当初，仅在附近有些小旅社。随着人流逐渐移向二马路市中心街区，1914年建起交通旅社（后称蚌埠大旅社）。"民八大火"后，二马路中段的华昌街交汇处，1920年兴建了全市第一幢三层楼的东亚饭店。接着，华昌街、二马路中段一批商业服务业的楼房平地而起。皖北公寓、华东公寓、大东饭店、大观楼浴池等服务行业纷纷出现。1927年全市第一座商场式的百货店——天成百货公司正式建成开业。1939年上海在蚌埠建立的鸿康百货店，与天成公司为邻。1941年出现了山东人王福山开办的大新百货公司，其建筑规模和样式，超过当年的天成公司。抗战胜利后又增加了鼎昌绸缎局等一批商业建筑。

3. 东段：铁道口至伯飞路

蚌埠开埠之初，二马路东段警察局对面最早出现兰州医诊所，而后与上海华美药房协商后，正式开设蚌埠华美药房。1930年在它附近开设王恒昌药号，由于经营有方，很快成为名扬皖北的商号。1944年北京同仁堂药铺伙计来蚌，又与王恒昌相邻开业。两家均有坐堂医生看病。东段医药业经营渐成特色。

1938年日军占领蚌埠，二马路铁道以西繁华的商业街，属敌占区。在他们的殖民掠夺政策下，民族商业难以发展。由于安徽省维新政府设在二马路东段，1938年下半年特别是在1940年后，这个地段的消费服务行业畸形繁华。安徽维新政府对面的高升园浴池装饰考究，是伪省府机关人员洗澡去处；这里开业的同源茂饭庄，兴盛后建起二层小楼，成为政界人士应酬宴请场所；为适应政务人士所需，林鸿昌西服店开业。蚌埠民族工商业者，为与日商抗争，开设了棉布百货"东安市场"，相邻开办移风剧社。抗战胜利前，铁道口以东的二马路，河北同乡会在国治街口建有河北小学、天主教会建有崇正女中，均属较好的建筑，但就商业街面建筑而言，直到1949年新中国成立，虽然出现些杂货店、百货店、药房、书店、文具商店，与铁道西相配比，却无可以称道之处。

二　商业建筑风格的演变

津浦铁路通车后，蚌埠古渡乡集迅速崛起。"沟渠成街道，田亩起房屋"，是对当时蚌埠初成街坊的真实写照。当初的"二道街"建筑工程兴起，多数为乡村土坯房、席棚、篱笆墙草顶房，其中少数是砖墙，蝴蝶小瓦屋面的平房，曾出现过个别二层楼房。这些房舍简陋，构造简单。整个街道如同狭窄的街巷，仍然没有摆脱集镇风貌。

1919年"民八大火"后警察局长马祥斌重新规划市政建设，拓宽道路、强制规定沿街商业建筑必须兴建防火的砖瓦房，严禁再建单纯的木结构或篱笆草房。同时，配备城市消防设施，整顿公共卫生等，出现了历史上的"二期蚌埠"。从此，二马路的商业建筑迅速发生了巨大变化。

砖木结构建筑开始推广。1920年后二马路出现二三层高的楼房，从外观上来看，这些楼房除了外挑阳台及出檐部分还沿用木结构外，都采用了砖墙体或用水泥沙浆粉刷饰面，屋顶采用大片的洋瓦铺设，已经是洋房风格。但实际上，建筑结构仍是中国传统的木构架建筑样式，外部墙砖系非承重墙体，仅有围护功能，为“立帖式”营造法，俗称“墙倒屋不塌”。同时，随着南方人移居蚌埠创业，传入了南方砖木结构建筑。它以砖墙体为承重结构，仅采用木构架起脊屋顶，它的防火性能及质量优于“立帖式”木构架建筑，迅速得到推广，至1930年以后，传统木构架建筑相对减少。因此，老蚌埠人曾有这样说法，“越是老的房子，盖得越是好”，就是指“民八大火”后兴建的砖木结构（包括砖石墙基）商业建筑。直到十多年前拆迁到这批老房子，裸露出的断壁残墙，还见证着当时的建筑质量。

改变传统的商业建筑布局。为适应商业功能的需要，在建筑结构变革的同时，建筑平面布局随之变化。早期二马路南侧的蚌埠大旅社，建筑平面沿袭一字排列的样式，共用五排二层楼房，为节省沿街地皮造价，只在街面建筑狭小的门脸，让旅客经过走道才到五排进深的客房，居然被人称作“五层楼”。而1925年在华昌街东首，面对二马路兴建的大东旅社，则采用四合院式转楼，中有天井院落，上盖天棚透光。应时兴起的浴池业，其平面布局多采用“回”字形转楼，中间安排大浴池。

中国传统的商业建筑多是宅店合一，门面开向街道，最大限度地展示门面及商品，把顾客吸引到店里来。因此，均采用一字形柜台朝外，用分段木门扇，推在上下槽口（俗称“塞板门”），开关门面。当二马路商业店铺逐渐出现天井式四合院、回字形转楼布局之后，商业街开始出现了店堂式商场。以天成百货公司为例，顾客可以在马路上透过玻璃橱窗观看商品。店门设有踏步，平台地槽内装有长方形网格状花形的踏板，讲究的店堂是用铸铜制造，清理顾客脚下的泥土。顾客登堂入室，还可再上二层店堂，在环形布局的柜台前选购商品，购物环境发生了变化。传统店铺门面与店堂式商场同时现出在二马路商业街，尽管还保留着许多传统店铺，但整体上已经改变了蚌埠商贸集镇的风貌。

西方建筑风格与我国传统建筑样式的渐进融合。民国时期西方文化全面进入我国各个领域。意大利巴洛克建筑风格为代表的西方建筑思潮，以及其他西方近现代建筑样式，从沿海大都市顺着津浦铁路传入蚌埠商埠。而这个时期，随着我国传统木结构建筑减少，砖木结构建筑的增多，为中国传统建筑融入西方建筑元素提供了包容性，成为二马路商业建筑实行中西合璧，兼容并蓄的基础。最为突出的建筑景观，就是在许多砖木结构的商业建筑上，经过对外部砖墙按照西方建筑样式设计，营造成为欧式风格的建筑。1921年建成的东亚饭店，虽然是木结构建筑，而“立帖式”的墙体，完全是按西方建筑样式处理，特别是中部壁柱、拱形门、铁木混合的阳台护栏，以及顶部钟楼设计，都给人面貌一新的洋楼感觉。更多砖木结构的商业店铺，对于沿街门面按照欧式建筑样式，都修建成欧式风格的“门脸”。又因为它高于二层建筑实体，常被人们比喻成“二层半”或“假三层”，使二马路商业街出现了与上海、南京、天津等地相似都市景观。

民国时期建筑具有明显的过渡性。它在清末传统建筑上融入西方现代建筑元素，同时，又保留着我国传统风格的建筑。两种建筑在一条街道常常比肩而立，却并不给人以杂乱之感。究其原因，是因为两类建筑风格已经交融。貌似西洋风格的建筑，乃是嫁接在中国传统建筑之上；而清末的传统建筑受到国外新型建筑材料和新技术的影响，已经有别于元明时期传统建筑，向近代建筑靠拢。特别是木构架上经典的斗拱构造，都逐渐退化或减弱，使梁柱直接榫接，形成整体框架。因此，才出现民国时期特有的过渡性建筑风格。

在这种文化背景下出现的二马路商业建筑，除了普遍流行的欧式门面之外，同时流行中式木结构店面的风格。特别在传统老字号，如“老凤祥”、“稻香村”这类店铺，砖木结构建筑的沿街门面前，用中国传统的古典样式木结构，建成飞檐出角的门坊。门额上装饰着传统书法字体的店号招牌。它并列于欧式门面的店铺之中，从视觉上强调了对顾客的吸引力，在建筑功能方面也起到了店门廊作用，增加了对商业街行人的停留感，起到了招徕顾客的效果。

开放、自由、竞争的商业经营方式，把二马路商业建筑装饰（嵌入浮雕图形及文字）作为固定式商业广告，强化商业宣传与竞争的气氛。天成公司门脸墙上，用高浮雕制作的地球与雄鹰。地球上的那只正在展翅翱翔雄鹰，大有吞并世界的扩张之势。浮雕下方是天成百货公司的金字招牌。鼎昌绸缎局对于门脸装饰颇为简洁，但柱面仿照天成百货公司，全部加有“欧西呢绒，绸缎顾绣”等经营品种的浮雕字体，二层中央的实墙，特制有鼎昌字号浮雕匾额。其“鼎昌”二字特请当时国民政府的高级顾问、曾任安徽省省长、国民政府总理的许世英题写。上方又将“鼎昌”两字各为半圆，组成圆形图徽，很像一枚汉代回文印章。底层店门玻璃专门用当时最先进的工艺雕刻出“鼎昌绸缎局”字样。营业厅堂内，专门设立的绸缎样品展柜将开架式自选布匹花样引入商场。五洲大药房门脸中央，特意用高浮雕制作出地球仪，顾客走在二马路上就可清晰地看到那上面的“五洲四海”，然后在下方配上药号名称，给人们留下深刻的印象。

为了远距离的视觉效果，各家都争先把布质的店招（俗称“布幌子”），高高悬挂在商号门面外。当时的二马路的三大特色，其中最醒目的就是“布幌子”，再则是黄包车的摇铃声、铁道口的木匾牌（拦道木）。20世纪40年代后，天成公司、东亚饭店等较大商店建筑上，开始出现霓虹灯制作的商号及广告，大东饭店采用了全玻璃转门，吸引顾客。

结　语

蚌埠民国时期的商业建筑，对于正在迅速扩展的当代城市，已经成为宝贵的历史文化资源。建筑是一座城市无言的历史，是城市历史文化的重要组成部分。它作为城市景观和居民生活环境，曾经陶冶着人们的审美情趣，构建着城市风貌。我们应当把它作为城市的历史文脉，加以研究传承，融入现代化的城市建设之中，努力改变当前城市建设趋同化的倾向。

参考文献

1. 蚌埠市建委编志办公室：《城建史志资料》，1985年。
2. 蚌埠市百货公司编志办公室：《蚌埠百货志稿》，1986年。
3. 蚌埠市政协文史办公室、蚌埠市市志办公室编：《蚌埠古今（第二辑）》，1984年。
4. 蚌埠市工商业联合会、蚌埠市政协文史办公室编：《蚌埠工商史料》，1987年。
5.《蚌埠社会之回顾》，《皖北时报》1937年4~6月连载。
6. 段智钧、赵娜冬编著：《西方历史建筑史》，化学工业出版社，2014年。
7. 荆其敏编著：《中国传统民居百题》，天津科技出版社，1985年。

民俗复兴与花鼓灯传承 *

陈德琥（淮河文化研究中心）

一

“民俗复兴”是民族文化自觉的一种表现[1]。对于民间艺术传承与保护来说不可小视。的确，正是在“民俗复兴”的当代文化语境下，草根性很强的民间艺术才有可能风光登场，富有“民族身份”的价值和“国家文化符号”意义[2]。反过来，也只有借助民间艺术等文化载体，民俗文化才找准、找到得以复兴的真正抓手，促使“民俗复兴”的文化自觉意识外化为具体行动。正像英国人类学家马林诺夫斯基说的那样：“文化是包括一套工具及一套风俗——人体的或心灵的习惯，它们都是直接的或间接的满足人类的需要。一切文化要素，若是我们的看法是对的，一定都是在活动着，发生作用，而且是有效的。”[3]显然，这“一套工具及一套风俗”的说法对理解民间艺术与“民俗复兴”互为依存、彼此促进的关系多有启发。

作为汉民族民间广场艺术，花鼓灯自有其“一套工具”——“歌”（灯歌艺术）、“舞”（舞蹈艺术）、“乐”（锣鼓音乐、灯歌曲调）、“戏”（后场小戏）等较为完备的艺术构成。也曾在“一套风俗”的习惯中自然传承、自由发展。那节庆中自发的“踩街”行动，庙会上“千班锣鼓百班灯”的狂欢现象无不昭示着它在风俗活动中如鱼得水般的昔日盛景。然而，一度追求“歌剧化”、“舞台化”的创作倾向破坏了原生态的文化生境，对它产生过极大的负面影响。一方面，花鼓灯艺术难以造就“歌剧”创作、“歌剧”表演以及相关的舞美设计等优秀人才（有了也留不下来）；另一方面，它本来就是民俗艺术，离开民俗文化的土壤必然经散纬脱地消失于历史的长河。

实际上，民间艺术大多经历了钟敬文所说的“咒语多变成颂歌”[4]的演替历程。花鼓灯也不例外。据老艺人回忆，最早形态的花鼓灯只是城隍祭祀仪式的组成部分之一。其出场的大致情况如下：在长长的城隍祭祀活动的行进队伍中，最前面抬着的是城隍神像，像上罩着黄罗伞，后面接着龙灯、狮子灯、马灯、小黑驴灯，最后是花鼓灯表演。后来，敬拜城隍的仪式活动由组队在路上改到城隍庙里举行，花鼓灯也从城隍祭祀活动中独立出来。花鼓灯的表演道具岔伞就是由排在队伍最前面敬拜城隍神的黄罗伞演变而来的[5]。可见，原始形态的花鼓灯表演与城隍祭神仪式联系紧密。当然，从敬神仪式中独立出来的花鼓灯从来没有抛开民俗文化活动。无论是节庆表演（元宵节等）还是祭祀仪式（涂山庙会等），原生态花鼓灯参加其间都是自发的行为。

二

显然，花鼓灯曾在民俗文化的土壤中得到长足发展。当社会历史发展到倡导“民俗复兴”的今天，民间艺术再像过去那样老是仰望“歌剧化”、“商品化”的发展之路则必然会跌到忽视民俗的泥潭中去。事实上，伴随“中国民族民间文化保护工程”的积极开展，我国《非物质文化遗产保护法》等一系列政策法规的陆续颁布，“闽南文化”、“徽州文化”等18个国家级文化生态实验保护区先后设立，民间艺术民俗型传承场域建构等固根守本的保护策略日益受到重视。花鼓灯这一播布在淮河之畔的民间艺术，也在结合乡村民俗的传承路径上迈出主动探索的步伐。

以“中国花鼓灯文化生态保护村”——冯嘴村为例，即可看出蚌埠市在“民俗复兴”的背景下对花鼓灯的有效传承与保护。冯嘴村是蚌埠市禹会区一个自然村，村中建有花鼓灯艺术核心区、次核心区和外围保护区来开展花鼓灯文化“生态”保护。核心区和次核心区是花鼓灯文化展示区。有打谷场、凉亭、水井、牛棚、门楼、土地庙、祭祀场等，建成符合淮河流域民居传统风格的村落。村中还雕有冯派创始人冯国佩塑像，建立冯派陈列馆，选定冯派传承人来带徒传艺。这些举措为民俗仪式活动的开展和花鼓灯表演提供了必要的硬件实施。平时的生庆婚庆、大型的祭祀活动（祭祖、庙会等）都成为冯嘴村表演花鼓灯、展示花鼓灯的最好机会。“玩灯”已与当地民俗仪式活动、民众生活方式发生了紧密的联系。而外围保护区则是有别于传统花鼓灯文化生境的民居新村，作为花鼓灯文化对外延伸的过渡带。显然，冯嘴村结合民俗活动和百姓生活的来开展保护与传承，使花鼓灯艺术生活化而民众生活也趋向艺术化，民众对花鼓灯的文化认同度高了，参与度也更广了。

三

冯嘴村能够保持花鼓灯传承、发展“村以戏名、人以艺名”的良好态势可谓凤毛麟角。花鼓灯不再是“文化搭台，经济唱戏”背景下市场经济的附属品，也不仅仅发挥了“揽众”功能带有“资本”属性，而是一种独立又独特的文化消费符号和提升播布区文化软实力的重要资源，具有“知本”性特征[6]。更为重要的是，结合“民俗”活动来开展花鼓灯传承符合“共享发展”等当代发展理念。

“共享发展”是十八届五中全会提出的五大发展理念之一。其基本要义是，坚持发展为了人民、发展依靠人民、发展成果由人民共享，从而使得全体人民在共建共享发展中有更多获得感。以此审视花鼓灯民俗型传承场域建构，大体上契合“人人参与、人人尽力、人人享有”的“共享发展”要求。

首先是为了民众节庆、婚庆、祭祀等民俗活动中必须借助民间艺术等感性载体来强化广大民众的文化认同。而花鼓灯本身就是民俗文化的产物，更是助推淮畔民俗文化发展、服务于淮畔民众精神文化生活的活的艺术载体。因此，花鼓灯传承是为了淮畔民众。

其次是依靠民众在“民俗复兴”背景下，民间艺术发展既关注表演主体（传承人）的作用，更注重播布区广大民众的文化体认方式和认同程度。因此，花鼓灯的保护不仅仅依靠几个传承人，更需要广大的淮畔民众“人人参与、人人尽力”。

再次是民众享用在民俗活动自然衍生的花鼓灯曾以集体狂欢的形式承载着淮畔民众乐生的生命观念、超然的生活态度和容与的生活方式；伴随“民俗复兴”，那种自得其乐、乐在其中、乐此不疲的艺术精神仍为今天的广大民众充分体认。民众成为真正享用主体。

注 释

* 本文为2014年教育部人文社会科学研究规划基金《花鼓灯艺术表演场域研究》（编号：14YJA760001）；2016年安徽省“高校优秀中青年骨干人才国内外访学研修重点项目”（gxfxZD2016282）。

[1] 杨·巴雅尔：《当代社会与民俗复兴》，《内蒙古大学学报（哲学社会科学版）》2006 年第 2 期，第 126~128 页。
[2] 翟风俭：《从“草根”到“国家文化符号”——中国非物质文化遗产命运之转变》，《艺术评论》2007 年第 6 期，第 19~20 页。
[3] 马林诺夫斯基著，费孝通等译：《论文化》，中国民间文艺出版社，1987 年，第 14 页。
[4] 钟敬文：《民俗文化学：梗概与兴起》，中华书局，1996 年，第 175~176 页。
[5] 凤台县政协文史资料研究委员会：《州来古今之三——凤台花鼓灯专辑》，内部印刷，1990 年，第 14 页。
[6] 陈德琥：《花鼓灯艺术的当代出场路向》，《江淮论坛》2013 年第 3 期，第 174~179 页。

倪嗣冲与安武军纪念币

袁梦茹（蚌埠市博物馆）

民国初年，以袁世凯为首的北洋军阀集团迅速崛起，倪嗣冲倚靠袁世凯的提拔与重用顺利上位，拥安武军，通过战争，武力统一安徽，成为皖系军阀的重要成员之一，在蚌督皖八年。安武军作为倪嗣冲手下的一支劲旅，鼎盛时期实力“冠绝东南”，而印有倪嗣冲戎装像的银币，亦以安武军的番号命名，称为“安武军纪念币”。

一　倪嗣冲与安武军

倪嗣冲（1868~1924年），字丹忱，安徽省阜阳市三塔镇倪寨村人，出身于官宦世家，1893年举秀才，后任山东陵县知县，入淮军幕。1900年因血腥镇压义和团运动受到袁世凯赏识，并迅速发展成为袁世凯的心腹，在镇压人民反清起义、编练北洋新军、排斥打压革命党人、匡扶袁世凯复辟帝制等方面起到了促进作用，为袁世凯所掌权的北洋军阀确立统治立下了汗马功劳。

1913年7月，倪嗣冲被袁世凯任命为安徽都督兼民政长，次年6月，袁世凯授予其“安武将军”称号，并负责督查审理安徽军务，所属部队改称“安武军”。1916年4月，倪嗣冲改任长江巡阅副使兼安徽巡按使，并将蚌埠作为其在皖统治的政治中心。在驻蚌督皖的这八年时间中，倪嗣冲的军事势力迅速崛起，成为民国初期实力雄厚的地方军阀之一，而其政治生涯亦在此刻达到了巅峰。从“为袁所契，视为长江中部之柱石，兼管民政……声威煊赫，力足以制中枢，名足以冠群藩，凡各督论列朝政，倪恒执牛耳”[1]可窥一斑。

安武军，民国初期倪嗣冲创立的一支北洋新军。辛亥革命爆发后，倪嗣冲利用袁世凯划拨的部分武卫右军，盘踞豫皖交界处伺机侵占皖北，进而武力统一安徽。在此过程中，倪嗣冲通过招安、改编地方武装，不断地壮大自己的队伍，其军队规模一度“冠绝东南”。1915年4月，这支驻扎在安徽的部队被正式冠以安武军的番号，成为倪嗣冲手下的一支劲旅。1917年7月，张勋复辟失败，倪嗣冲收编其旧部入安武军，完成了一次规模较大的扩军过程。混编后的安武军“共分8路，辖步兵40营、炮兵2营、骑兵1营、工兵1连”[2]。此时安武军的在编人数已达四万人之多，成为名副其实军事实力较为强大的一支地方部队。1917~1918年，安武军先后两次入湘作战，皆以失败告终，极大地削弱了其本身的军事实力。1920年7月，直皖战争爆发，皖系战败，此时已重病卧榻的安武军统帅倪嗣冲被罢免军职，军队迅速进入混乱状态，内部矛盾不断激化，几近衰亡。1927年，安武军所属部队被蒋介石的国民革命政府收编为第二十七军和第三十一军。至此，由倪嗣冲一手培植的安武军，随着北洋军阀统治时代的结束而退出了历史的舞台。

二 将军府寿庆与安武军纪念币

1913 年 6 月 30 日，倪嗣冲被袁世凯任命为安武将军，督查治理安徽军务。7 月 22 日复任皖北镇守使兼领皖北观察使，27 日继任为安徽都督兼署民政长。1916 年被时任民国大总统的黎元洪任命为安徽省长。倪嗣冲将跟随自己南征北战多年的侄子倪道烺留在身边继续重用，同时接纳在其镇压淮上军起义时的有效支持者唐少侯来蚌,并委以重任。他们陆续成为后来“倪氏督皖”的核心成员。

安徽省府自清康熙六年建省至民国初年，始终设在安庆。倪嗣冲任安徽督军后，为进一步控制津浦铁路，随即率领安武军进驻蚌埠，在火车站对面建造安徽督军公署。因倪是袁世凯任命的安武将军，公署又称“将军府”。倪氏驻蚌督皖，安徽的政治中心由安庆转移至蚌埠。

倪嗣冲率军开进蚌埠后，肆意强征民田，抓派壮丁，动工兴建他的安徽督军公署，“倪抵蚌，购近车站王姓地四十余亩，每亩给价 86 元，实则通车后，时价每亩 300 元矣（近价每亩 1000 元），后购二马路高姓地三十余亩，给价则前若，而所抑价正相若也，此为倪氏殃及蚌民之第一声，地购定后，于车站附近安徽督军公署，于二马路建督军行署，及皖北镇守使署”[3]。倪嗣冲的将军府所占位置即现在的东起淮河大旅社，西至道德街，北起凤阳路，正门朝向淮河路，占地面积数十亩土地。在从将军府门前到津浦铁路火车站北面的这一带，旋即又开辟了一座占地面积约二十余亩的阅兵场，又称跑马场。后趁东边紧邻的云龙池澡堂失火之机，在这一带及至国强路,复又盖起一所公署卫队营。即使这样，倪嗣冲仍觉得这样大的面积还不够，又于现在的凤阳路人民银行到人民印刷厂这片区域之间，盖了一所督军行署。至此，倪嗣冲的安徽行政公署初成规模，其中的建筑包括了安徽督军公署、跑马场、皖北镇守使署、督军行署、电灯厂、逸园、棠园等多处建筑，实际它构成了当时安徽省的军事和行政机关区域。

1918 年农历四月十五，倪嗣冲与其妻子宁氏共做五十双寿。寿堂设在督军公署的院内，“将军府第为三进寿堂，对面为一舞台式之楼，初造将军府时，即为演戏之地也，介于寿堂演戏处为天井，南北十余丈，东西亦如之，上复以天津式席棚，棚下以五色绸织成花纹，戏台两旁，经丝绸扎成巨形狮子各一，狮眼装以 100 支光之红色电灯，一狮织成，需丝绸四十匹，台上并悬有线质八仙，麻姑献寿，装以电灯，光彩夺目，台两旁设临时看楼，台前设藤椅子千余席，倪氏于寿堂前设一藤床，斜卧其上，子侄雁行序立排班，并有两英籍女看护二人……斯时倪氏之神志若何，则不得而知矣。”[4] 梅兰芳等几十位戏曲名角，被倪嗣冲的在京势力连逼带请，来到刚刚开埠的蚌埠，为其献唱祝寿。

另一面，倪嗣冲为扩大影响，借做寿之机大肆收敛财物。“1920 年 5 月 29 日（申报）大字报道安庆云：皖吏祝寿忙。倪嗣冲正室，于阴历本月十三日做寿，皖省各大吏，如省长、财政、实业、教育、高地审检、水陆警察、各厅长以及安庆道尹、省议会各议员，均联袂赴蚌祝寿。”当时安庆近二十家银楼，生意爆满，订制贺礼的不计其数、象牙雕的“麻雀牌”、“八仙过海”、“西湖全景”和黄金铸的“麻姑献寿”、“关羽全身像”都含其中。而倪则拿自己戎装的纪念币、银章馈赠贺客。此时的倪嗣冲没有忘记自己的起家之本是安武军将士，于是安武军纪念银章就应运产生了[5]。

倪嗣冲在蚌督皖时期（1913~1920 年），曾命安庆造币厂先后铸造印有自己戎装头像的纪念币两套，即“安武军纪念币”和“倪嗣冲纪念币”。第一套安武军纪念币，铸造时间说法众多，但一般认为是在民国三年（1914 年）下半年期间。该币呈圆形，直径 2.71 厘米，质地为银质，背面“安武军”三字居于中间，“纪”“念”二字分立左右，四周环嘉禾，正面铸有倪嗣冲戎装头像（图一）。

对于安武军纪念币，许多论著并未对其进行详细分类。韦化一在《建国前安徽金融大事记》中只略略

图一　安武军纪念币（蚌埠市博物馆藏）

记述了“另还铸有安武军纪念币”；同样，韦太来、徐化夷的《建国前安徽铸造印制发行的货币和流通券简介》中也只是简单的记述“还铸有安武将军纪念币”；但也有专家如刘月星、吴榕、黄礼传、汪昌桥、元哲等对中元（或称五角币型）进行详尽论述或附图解说。其中刘月星在其《安徽铸币情况》说到“另还铸造安武军一种纪念币……系中元”，并图附五角币型纪念币。同样，吴榕的《安武军纪念币》中略述到“安武军纪念币、银质。”纪念币的附图也是五角币型。而黄礼传的《安庆造币述略》一文中亦提到“安庆造币厂铸造安武军纪念币，径 27.1 毫米（笔者按，此径即五角型）”，附图亦是五角型。在汪昌桥《清末民初的安徽银元研究》中也有说明“安庆造币厂铸安武军纪念币”，其附表“中元，径 27.1 毫米”而附图也只见五角型。元哲在《中国银币目录》中总结道：安武军纪念币在一些钱谱所记载的，同样也只是五角（中元）这一种。由此看来，安武军纪念币仅只有五角（中元）一种，而并非是成套币种。关于安武军纪念币套系的问题不乏也有别的声音，安庆的沈沅春就认为，此币是 1920 年倪嗣冲为贺其正室宁氏五十诞辰，而专门铸造的，“当时打样除中元外，还有一元、二角、一角型。可能是未获北洋政府批准，仅批量铸造了中元型。”[6]

由于安武军纪念币至铸好之时并未投入市场流通，也因其数量不多，现已难再觅得。民国十四年（1925 年），因为银价渐长，昂贵的银子再来铸币显然已经不再合算，恰又逢灾荒爆发，安庆造币厂遂正式停止铸币。自民国初年至此，安庆造币厂历时十年，共铸银元约 1500 万枚。

注释

[1] 来新夏主编：《中国近代史资料丛刊——北洋军阀（第一册）》，上海人民出版社，1988 年。

[2] 中国第二历史档案馆编：《中华民国史档案资料汇编·第三辑·军事（一）上》，江苏古籍出版社，第 601 页。

[3]《皖北时报》，1937 年连载本报特写《二十六年来蚌埠社会之回顾》，第八十三期。

[4]《皖北时报》，1937 年连载本报特写《二十六年来蚌埠社会之回顾》，第十六期。

[5][6] 沈沅春：《几枚币章 一段历史——记军阀倪嗣冲与安庆造币厂》，《安徽钱币》，2002 年第 4 期。

约稿函

《蚌埠文博》由蚌埠市文化广电新闻出版局（旅游局）主管，蚌埠市博物馆主办，文物出版社出版的学术集刊，拟请在专业领域有显著的学术研究成果、做出突出贡献、有较高影响力的专家进行撰稿，是一本集文物、历史、考古学与博物馆学等多学科、多领域于一体的综合性文集，是面向文博、考古工作者和相关专业同仁的学术性读物。

为促进学术研究，加强学术交流，《蚌埠文博》热忱期待您的赐稿，并在此深表感谢。

一、内容范围

涉及淮河文化和与蚌埠地区相关的考古学、历史学、文献学、方志学、民俗学及文物研究文章，集学术性、知识性与鉴赏性为一体。

二、稿件要求

1．稿件要求观点明确，逻辑严谨，具有学术价值，文字精练，资料新颖，图文并茂，标题准确，层次清楚。

2．文章字数 3000 字左右。引文须核对准确，并写明详细出处，注释统一置于文末。

3．稿件应配适量图片，以高清数码相片为宜（请存 JPG 或 TIF 格式），质量精美的线图与拓片亦可。

4．来稿请存 WORD 文件（并附作者简介与联系方式），通过电子邮件发送至蚌埠市博物馆馆刊《蚌埠文博》编辑部邮箱（bbmuseum@163.com）。

5．稿件收到后通知作者选用与否，若 3 个月内未收到通知，作者可自行处理稿件。因本馆刊编辑部人手有限，来稿恕不退还，请作者自留底稿。

6．一经采用，即依国家标准从优付酬。

7．凡牵涉作者著作权等知识产权问题，相关责任一律作者自负，与本馆刊无关。

地址：安徽省蚌埠市市民广场西侧
蚌埠市博物馆《蚌埠文博》编辑部
邮编：233000
邮箱：bbmuseum@163.com
电话：0552-3755081

《蚌埠文博》编辑部